建物できるまで図鑑

図鑑

詳説木造住宅

世界で一番楽しい

瀬川康秀［絵と文］

JN087415

X-Knowledge

はじめに

この図鑑の想定読者は、
これから住宅を建築する人
住宅の「つくり方」・「仕組み」に関心がある人
これから建築を勉強しようとしている人
『世界で一番楽しい建物できるまで図鑑 木造住宅』を読まれた人

住宅は私たちの生活に密接に関わっていますが、住宅の構造や工事のプロセスについて、知っている人は少ないと思います。この図鑑は、実際に建てられた木造住宅※について、ドキュメント仕立てで「つくり方」・「仕組み」・「住まい方」をイラストで解説しています。
この図鑑は、234カットのイラストだけで構成しています。
イラストは、写真に比べて書き手が伝えたいところを強調して表現することができます。
ページをめくると、建設現場で定点観測しているようなアニメーション感覚で工事を疑似体験できます。
また、全体と細部を関連づけて理解が深められるような構成にしました。建築の専門用語がたくさん出てきますが、イラストを見ながら習得して下さい。

この図鑑の住宅は、構造・仕上げ・設備など既製の材料や部品を使用し、コストを抑えた3人家族の住まいで、ごく一般的な木造の建物です。住宅の屋根・壁・床などの仕上げは多種多様ですので、より広く木造住宅のつくりかたを知りたい方は、既刊の『世界で一番楽しい建物できるまで図鑑　木造住宅』を、本図鑑と合わせて見て頂けると、現代の木造住宅のつくり方や仕組みをより深く広く理解ができると思います。

図鑑を作成するにあたり、題材にした住宅の住まい手、住宅を施工した工務店の協力と、この企画を快諾して頂いたエクスナレッジに深く感謝したいと思います。

瀬川康秀

※本書掲載の住宅は2018年に関東圏で竣工し、著者が設計監理を担当しました。

参考書籍
「世界で一番楽しい 建物できるまで図鑑 木造住宅」
エクスナレッジ
（2022年NHKの番組「あさイチ」で紹介されました。）

CONTENTS | 目次

1章 躯体工事
着工から上棟まで ——— 018

2章 外装工事
屋根から塗装工事まで —— 060

3章 内装工事 外構工事 —— 078

終章
住まいと暮らし ……… 114

ブックデザイン：米倉英弘（細山田デザイン事務所）
DTP：横村 葵
印刷製本：シナノ書籍印刷

この本の構成と見方

序章
住宅の基本図面（配置図・平面図・立面図・断面図）及び周辺の環境をまとめました。

1章 2章
着工から上棟までの躯体工事と屋根・外壁工事について工程順に解説しています。

↓

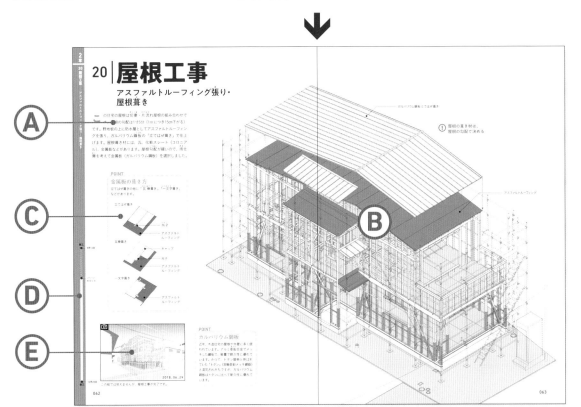

(A) 工程について、具体的に作業をわかりやすく解説しています。

(B) 工程をアイソメ（→MEMO）で表現しています。ページをめくると、定点観察のアニメーション感覚で見ることができます。輪郭線を青色の線で示した部材は、その工程で関連するものを表しています。

(C) 関連するまめ知識をまとめました。部分的に取り上げて詳しく説明します。

(D) 着工から竣工まで工程を時間軸で表現しています。目盛りは週単位で、4週を1月にして簡略していますので目安として下さい。詳しくはP.8〜9の工程表を参照して下さい。

(E) 施工現場で見ているように描いたパース（→MEMO）です。4章ではリビングダイニングルームとアトリエでそれぞれの工程を表現しています。ページをめくると、定点観察のアニメーション感覚で見ることができます。輪郭線を青色の線で示した部材は、その工程で関連するものを表しています。

COLUMN 用語などをよりわかりやすく解説しています。

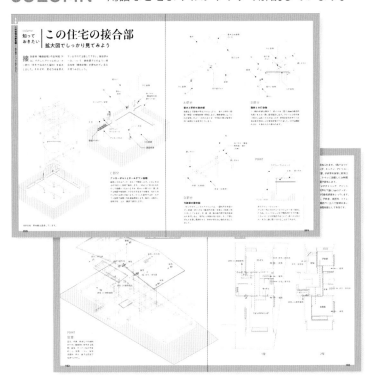

3章

リビングダイニングルームとアトリエの
内装工事、工事の最終段階で外構工事
などについて工程順に解説しています。

終章

この住宅について、住い手の紹介と
住まい方を解説しています。加えて、
将来の増改築計画を参考としてまと
めました。

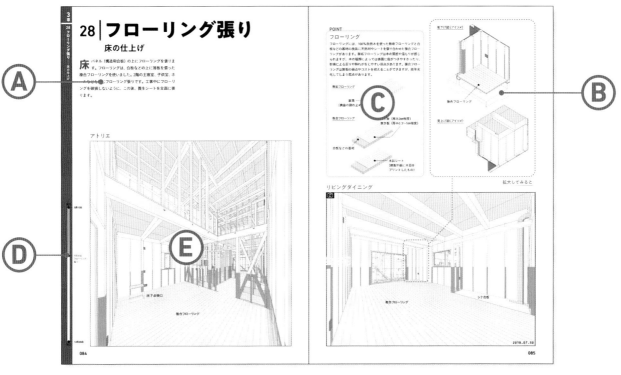

MEMO

アイソメとパース

図鑑のイラストはアイソメとパースの図法を用いて描きました。
どちらも形態を立体的に表現する図法のことです。
アイソメはアイソメトリック（isometric）の略称で、立体を斜めから見た視点で書いた図です。
パース（透視図）はパースペクティブ（perspective）の略称で、ある視点から見た図で遠近感が表現されます。

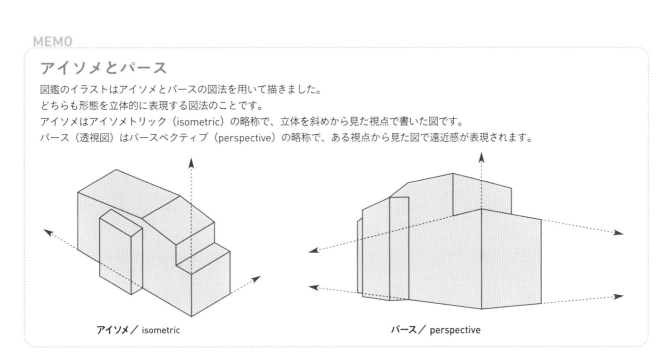

アイソメ／ isometric

パース／ perspective

住宅ができるまでの工程

住宅ができるまでの実際の工程をまとめました。
地鎮祭から引き渡しまで約8ヶ月を要しました。
この規模の建物であれば工期は一般的に7ヶ月ほどです。

1/31
P20
地盤調査

2/22
P110
建築確認済証取得

3/13
P110
埋蔵物試掘調査

4/28
設計監理・工事請負契約締結

	5月	6月	7月
祭事ほか	5/12 地鎮祭 P21	6/27 上棟式 P52	
諸検査		6/5 基礎配筋検査 P31	7/12 補強金物検査 P52
仮設工事		外部足場組み P40	
基礎工事	5/17 地盤改良工事 P22	6/18 基礎型枠撤去 P30	
木工事	プレカット P46	6/25 建て方 P42 / 補強金物取付け P52	フローリング張り P84
屋根板金工事			屋根葺き P62
外壁工事			
サッシ工事			サッシ取付け P64
建具工事			
家具工事			
左官工事			
内装工事			
塗装工事			
電気設備工事			
給排水設備工事		外部配管 P34	
ガス工事		外部配管 P34	
空調設備工事			
雑工事			
外構工事			

・項目に関連する頁を併記しました。
・1〜3章の各頁にも、簡略した工程を記載しています。

8月	9月	10月	11月	12月	1月

12/22
建主完了検査

1/25
引き渡し

12/25
完了検査 P111

足場撤去

ボード張り
P90

雨樋
取付け

モルタル塗り
P70

吹付け塗装
P72

建物の工事は外構工事を除いて
11月末に完了していましたが、役
所の完了検査・引き渡しまで1ヶ
月ほどブランクがあります。こ
れは、公共下水工事による公共
汚水桝の設置が当初の予定より
延びて、完了検査が遅れたこと
に因ります（P111）。

夏季休業

枠取付け
P86

吊り込み
P96

アトリエ
収納の製作

取付け
P96

玄関
土間床

クロス張り
P92

外部　内部

配線
P80

器具取付け
P96

内部配管
P106

器具取付け
P96

内部配管
P106

器具取付け
P96

器具取付け
P96

クリーニング

外周部

ポーチ・
アプローチ・植栽
P104

序章
モデル住宅の配置と図面

これから解説する住宅の敷地周辺の環境（配置図）と間取り（平面図）です。

敷地は、公道（県道・市道）に私道を介して接しており、一般的に「旗竿敷地」と呼ばれています。

敷地面積　199.37㎡
（私道部分55.47㎡を含む）
延床面積　110.95㎡（33.6坪）
1F／62.93㎡
2F／48.02㎡

敷地の法規制
用途地域　　準住居地域
建ぺい率/容積率　60％/200％
防火地域指定なし
第1週高度地区

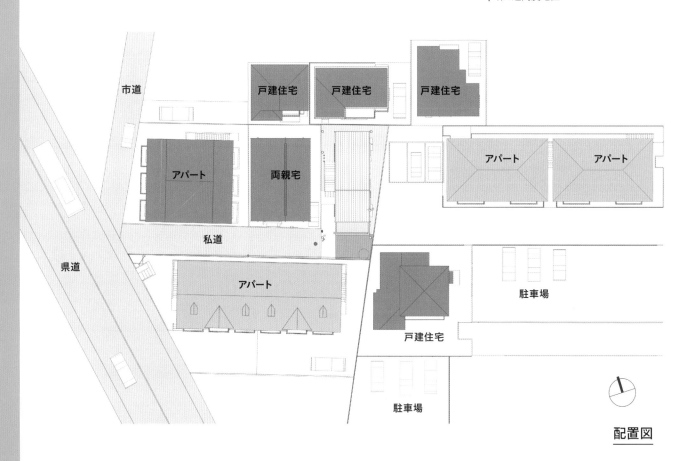

配置図

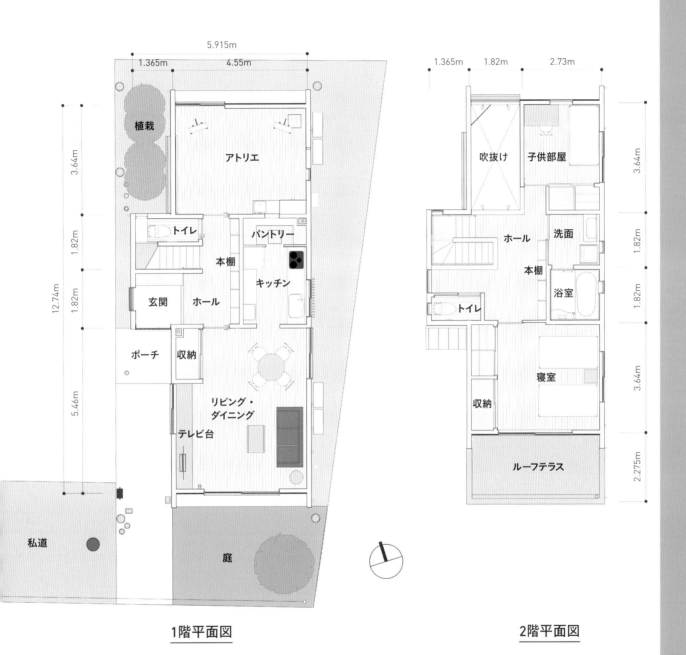

5.915m

1.365m   4.55m

12.74m

3.64m

1.82m

1.82m

5.46m

植栽

アトリエ

トイレ

本棚

パントリー

玄関   ホール

キッチン

ポーチ   収納

リビング・
ダイニング

テレビ台

私道

庭

1階平面図

1.365m   1.82m   2.73m

吹抜け   子供部屋

ホール   洗面

本棚   浴室

トイレ

寝室

収納

ルーフテラス

3.64m

1.82m

1.82m

3.64m

2.275m

2階平面図

建物の構造は木造の「在来軸組工法」(P.16)の2階建てで、住
まい手は、夫婦と息子さんの3人家族です。
間取りは2LDK+アトリエで、詳しくは終章(P.114)で説明し
ています。

立面図・断面図

モデル住宅を東西南北から見た立面図と断面図です。
立面図には屋根、外壁、外部建具（サッシ）などの仕上げを表記し
ました。断面図には、部屋の天井高さを表記しました。

南立面図

西側に隣接する住宅はご両親宅です。

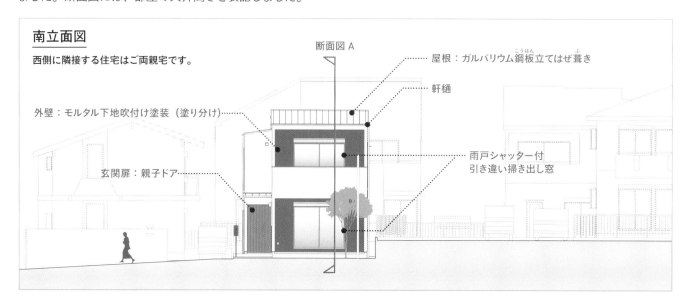

断面図A

屋根：ガルバリウム鋼板立てはぜ葺き

軒樋

外壁：モルタル下地吹付け塗装（塗り分け）

雨戸シャッター付
引き違い掃き出し窓

玄関扉：親子ドア

西立面図

中央部分に玄関と階段部分が出っ張っています。

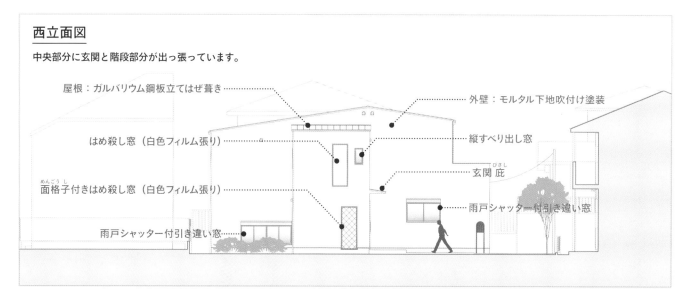

屋根：ガルバリウム鋼板立てはぜ葺き

はめ殺し窓（白色フィルム張り）

面格子付きはめ殺し窓（白色フィルム張り）

雨戸シャッター付引き違い窓

外壁：モルタル下地吹付け塗装

縦すべり出し窓

玄関 庇

雨戸シャッター付引き違い窓

断面図A

北側の住宅は隣接しています。

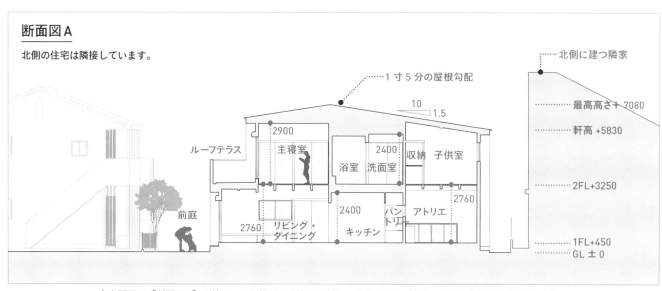

北側に建つ隣家

1寸5分の屋根勾配

10
1.5

最高高さ＋7080

軒高 +5830

2FL+3250

1FL+450

GL±0

ルーフテラス

主寝室 2900

浴室

洗面室 2400

収納

子供室

前庭

リビング・ダイニング 2760

キッチン 2400

パントリー

アトリエ 2760

南立面図の［断面図A］の線で示した箇所で建物を切断し、東から西側（右から左方向）を見た断面図です。

住宅に隣接する敷地や建物も表記して、
住宅と周囲の関係を分かりやすくしました。

※単位はmmです。

東立面図

屋根形状は切妻（きりづま）で、1寸5分の緩い勾配（こうばい）です。

断面図B

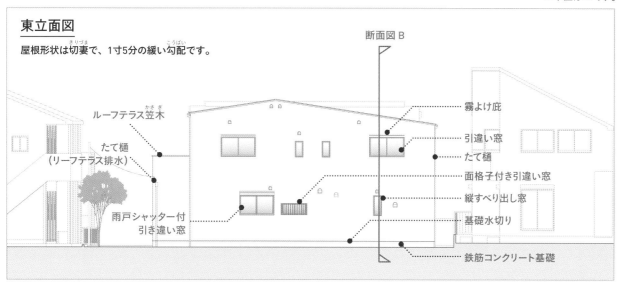

- ルーフテラス笠木（かさぎ）
- たて樋
  （リーフテラス排水）
- 雨戸シャッター付
  引き違い窓
- 霧よけ庇
- 引違い窓
- たて樋
- 面格子付き引違い窓
- 縦すべり出し窓
- 基礎水切り
- 鉄筋コンクリート基礎

北立面図

南・北の壁面の一部を色分けしてアクセントをつけました。

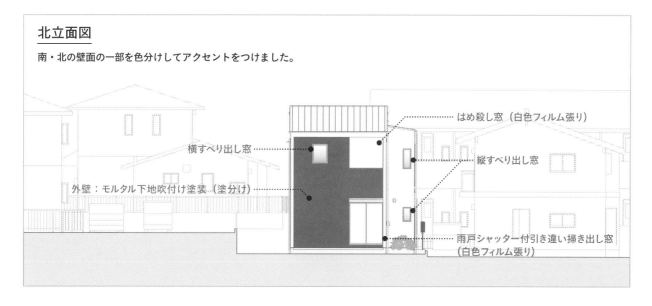

- 横すべり出し窓
- 外壁：モルタル下地吹付け塗装（塗分け）
- はめ殺し窓（白色フィルム張り）
- 縦すべり出し窓
- 雨戸シャッター付引き違い掃き出し窓
  （白色フィルム張り）

断面図B

アトリエの吹き抜けの天井高さは5.2mです。

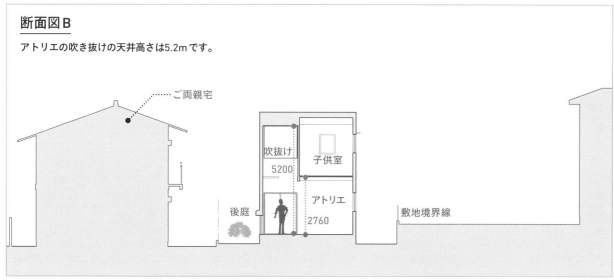

- ご両親宅
- 後庭
- 吹抜け
  5200
- 子供室
- アトリエ
  2760
- 敷地境界線

東立面図の［断面図B］の線で示した箇所で建物を切断し、南から北側（左から右方向）を見た断面図です。

周辺の環境

建設地は地方都市の住宅地の中にあります。公道に接する私道の
奥まった場所に位置し、一般的に「旗竿敷地」と呼ばれる敷地です。
敷地の周囲には2階建ての戸建て住宅やアパートが建っています。
なお、敷地の西側に隣接している家屋は建築主のご両親の家です。

戸建住宅

戸建住宅

戸建住宅

両親宅

アパート

市道

私道

県道

住宅周辺を南西方向から立体的に描いたイラスト（アイソメ）です。

アパート

アパート

駐車場

戸建住宅

敷地

アパート

駐車場

東

北

南

西

015

木造住宅の工法
在来軸組工法と枠組壁工法

日本の木造住宅の代表的な工法に「在来軸組工法」と「枠組壁工法」があります。この図鑑で解説している住宅は在来軸組工法です。在来軸組工法は、民家などの伝統的な建物に見られる、柱や梁が基本となる造り方で、現代の日本における木造住宅に最も広く使われる工法です。在来、すなわち「在り来たり」と呼ばれるゆえんでもあります。ここでは「在来軸組工法」と「枠組壁工法」の特徴を説明します。

骨組のしくみ

在来軸組工法の骨組は、柱・梁・筋かいなどの軸組を「線」で構成するのが特徴です。一方、枠組壁工法はツーバイフォーとも呼ばれ、北米に起源をもち、日本でも近年広く普及している造り方です。ツーバイフォーのいわれでもある、2×4インチ（約4cm×9cm）を枠材の基本にします。合板などの面材を張って枠組とし、床・壁・屋根を枠組「面」で構成するのが特徴です。

地震や風の力で建物が倒壊しないように、在来軸組工法では、柱と梁で囲まれた部分に「筋かい」を入れます。枠組壁工法では枠組に合板などの面材を張って倒壊を防ぎます（下図）。

POINT

在来軸組工法

「筋かい」で建物の変形を抑える

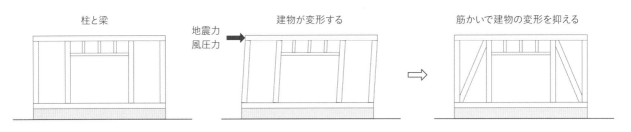

柱と梁　　　　地震力 風圧力　建物が変形する　　　筋かいで建物の変形を抑える

枠組壁工法

「面材」で建物の変形を抑える

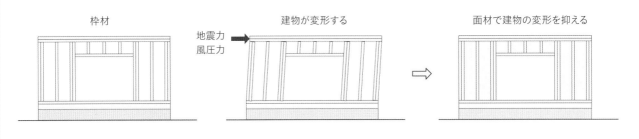

枠材　　　　地震力 風圧力　建物が変形する　　　面材で建物の変形を抑える

骨組のつくりかた

在来軸組工法は、骨組を組み上げる（建て方）ときに、屋根の下地まで工事をして、屋根葺きを先行するので工事中の雨から骨組を守ることができます。

枠組壁工法は、1階の床→壁→2階の床→壁→屋根の順に工事を進めるために、屋根が出来るまで日数がかかるので、その間防水シートなどで養生します。日本は雨が多いため、注意が必要です。

施工技術と工期

在来軸組工法の柱と梁の接合部（仕口／P.46）には、複雑な加工が必要で、現場作業にも大工の熟練度が求められてきました。近年、仕口加工はプレカット（工場加工された部材のこと。P.46参照）の普及や現場における各種の機器類の採用など、簡略化が進んでいますが、大工の技量が重要なことは変わりません。

枠組壁工法は、規格化された構造部材を、釘や金物で接合するので高度な技術を必要としませんから、品質のばらつきは少ないようです。工期についても枠組壁工法の方が概して短いようです。

工法の改良

枠組壁工法の合板による剛性確保や各種の補強・接合金物などは、在来軸組工法の躯体に大きな影響を与えました。それと同時に耐震性や耐火性、あるいは断熱性や遮音性などの性能について、枠組壁工法、在来軸組工法を問わず、住宅メーカー・工務店などの供給サイドにより様々な改良の手が継続的に加えられています。我が国は北海道から沖縄県まで緯度にして20度以上も違うため、当然、気候条件も異なります。この環境や地域による違い、それに上述の改良の手法なども加わって、実際の工法は細部にこだわると千差万別といっても良いかもしれません。

POINT

在来軸組工法の骨組ができるまで

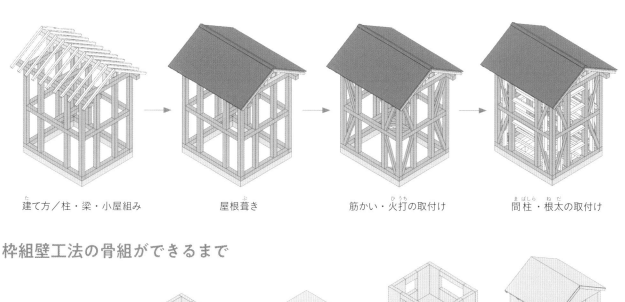

建て方／柱・梁・小屋組み　　屋根葺き　　筋かい・火打の取付け　　間柱・根太の取付け

枠組壁工法の骨組ができるまで

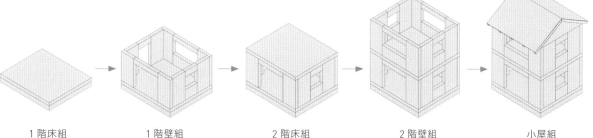

1階床組　　1階壁組　　2階床組　　2階壁組　　小屋組

1章
躯体工事
着工から上棟まで

1章では、着工から躯体(骨組)が完成する「建て方」までの工事のプロセスと、着工前に行う地盤調査について解説します。

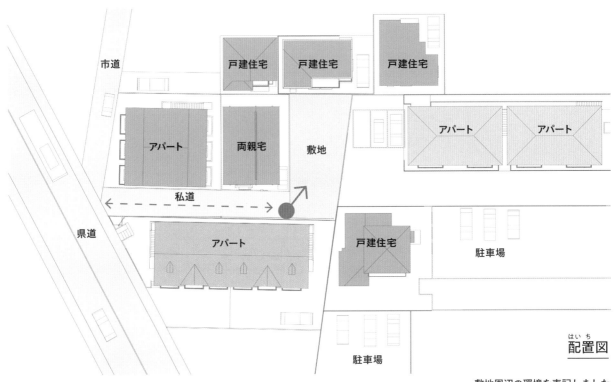

配置図

敷地周辺の環境を表記しました。

敷地から公道には幅員4mの私道を通って出ます。建設工事では重機やトラックなどの工事車両の搬入について事前に確認が必要です。この敷地は旗竿敷地で通過交通がないため、搬入に私道を利用できます。工事中に近隣とのトラブルが生じないように、敷地や建物の位置を確認します。ここでは、工事中の電源を確保するために敷地内に引込み電柱を立てました(右頁イラスト参照)。

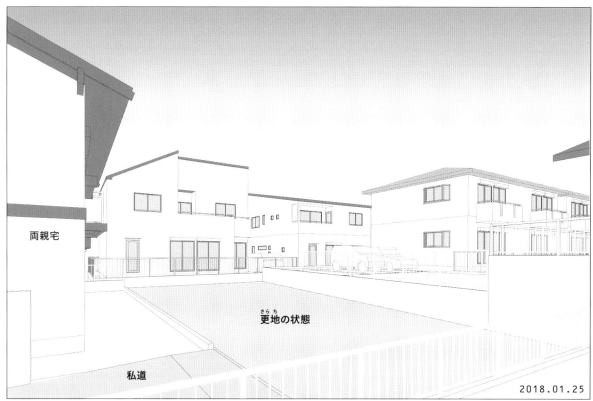

両親宅

更地の状態

私道

2018.01.25

工事前の敷地を南側のアパート（配置図の ✎）からみた敷地のパースです。

引き込み電柱

2018.06.29

上棟時に敷地の南側のアパート（配置図の ✎）からみたパースです。

01 地盤調査

スクリューウェイト貫入試験（SWS試験）

建物の工事を始める前に敷地の地盤調査を行います。建物を丈夫に造っても、地盤が軟弱では、建物の不同沈下によって住宅の機能に支障をきたします。地盤調査は専門の業者に依頼します。調査方法は「スクリューウェイト貫入試験（SWS試験）」を採用しました。建物の4隅に加えて3カ所計7カ所で試験を行い、地盤の状態を調査をしました。その結果を踏まえて、地盤改良工事の可否や建物の基礎形式（P.32）を決めます。

（P.32）

POINT

後悔しないためにも地盤調査は必須！

スクリューウェイト貫入試験（SWS試験）は、おもりの重量による沈下を測定するもので、木造2～3階建て程度の規模の地盤調査に良く用いられます（最近まで、この試験をスウェーデン式サウンディング試験と呼んでいました）。他に、「ボーリング調査（標準貫入試験）」があります。これは、ボーリングで土のサンプルを採取して土質を調べるもので、精度は高いが費用・調査日数もかさみ、主に規模の大きい建物に使用されます。

試験箇所（7カ所）

建物外形

試験器具

※BMとはベンチマークの略で、敷地内の高低の基準点です。工事中動かすことができない位置に設定します。

BM（ベンチマーク）

1月31日
地盤調査

着工

5月12日
地鎮祭

12月20日
竣工

📷

2018.01.31

まずは建設敷地の地盤調査をします。

試験器具を使って、地盤の強度を調査します。

02 | 地縄張り・地鎮祭
建物の位置確認と
工事の安全祈願

建物の位置を確認するために、建物の4隅など主要な位置に「地杭」を打ち、「地縄」（ビニールテープなどが使われます）を留めつけます。これを「地縄張り」と呼び、建築主も立ち会います。

これから本格的に建物の工事が始まるため、着工に先立って工事の安全を祈願して地鎮祭をおこないます。この家では、工務店に地鎮祭の進行をお願いして、建築主の御家族、工務店、設計者の関係者だけで略式の地鎮祭としました。清酒・粗塩・洗米を敷地の四隅にまき、お清めをして工事の安全を祈願しました。

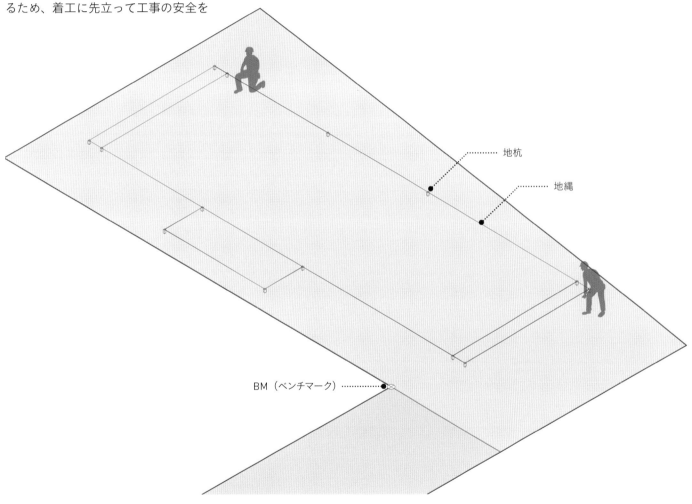

地杭

地縄

BM（ベンチマーク）

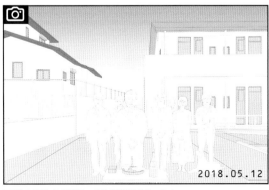

2018.05.12

工事の安全を祈願して地鎮祭を行います。

POINT
地鎮祭とは
地鎮祭は、土地の神様に土地の利用を許してもらうよう祝い鎮める儀式のことです。必ずやらなければならないものではありませんが、一般的に地元の神社の神主さんに地鎮祭の祈祷をお願いします。

03 | 地盤改良工事

小口径鋼管杭による地盤補強工法
（じ ばん かい りょう）（しょう こう けい こう かん くい）

こ の家では、地盤調査の結果、地盤が不安定で将来的に不同沈下（ふ どうちん か）などの障害を及ぼす原因となる報告書が提出され、地盤改良が必要と判断しました。地盤改良とは地盤の支持力を増して沈下を抑えることを目的とし、工法は多種多様です。今回は細い鋼管を地盤に貫入させて、地盤と鋼管の複合作用で地盤を強化させ沈下を防ぐ工法を採用しました。約90cmピッチで、長さ7mの鋼管合計108本を、建物位置の地盤に貫入させます。建物の基礎形式はべた基礎（P.32）としました。

POINT

地盤改良工事の種類

住宅規模で用いられる地盤改良工事には、今回採用した「小口径鋼管による地盤補強工法」の他に、セメントを使用して地表表面を固める「表層改良工法」、円柱状に地盤を固めた改良杭によって建物を支える「柱状改良工法」があります。地盤の強度、敷地条件、費用などを考慮して決めます。

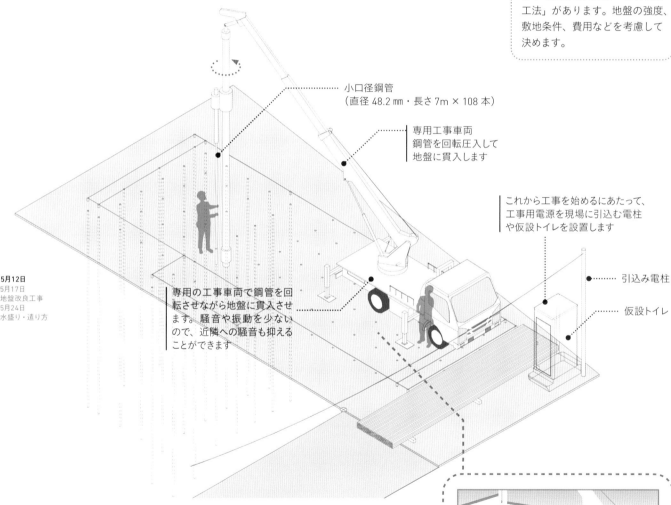

小口径鋼管
（直径 48.2 mm・長さ 7m × 108 本）

専用工事車両
鋼管を回転圧入して
地盤に貫入します

これから工事を始めるにあたって、工事用電源を現場に引込む電柱や仮設トイレを設置します

引込み電柱

仮設トイレ

専用の工事車両で鋼管を回転させながら地盤に貫入させます。騒音や振動を少ないので、近隣への騒音も抑えることができます

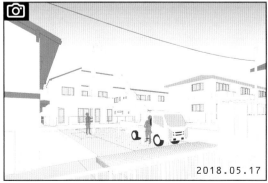

2018.05.17

地盤調査の結果を踏まえて、敷地の地盤改良工事を行います。

専用工事車両で鋼管を回転圧入して地盤に貫入させます。

04│水盛り・遣り方

建物の位置や高さ
水平を測定する

基礎工事を始めるにあたり、「水盛り・遣り方」を行います。「水盛り」は高さの基準となる水平を定めることで、以前は水とホースを使ったサイフォン原理を応用して水平を測定していましたが、現在はレーザー計測器を使います。建物の周囲に「水杭」を打ち、「水貫」を取付けて「水糸」を張ります。これは、建物の位置、高さ、根切り幅（根切りは次の工程。P.24参照）や深さなどを標示するもので「遣り方」と呼びます。

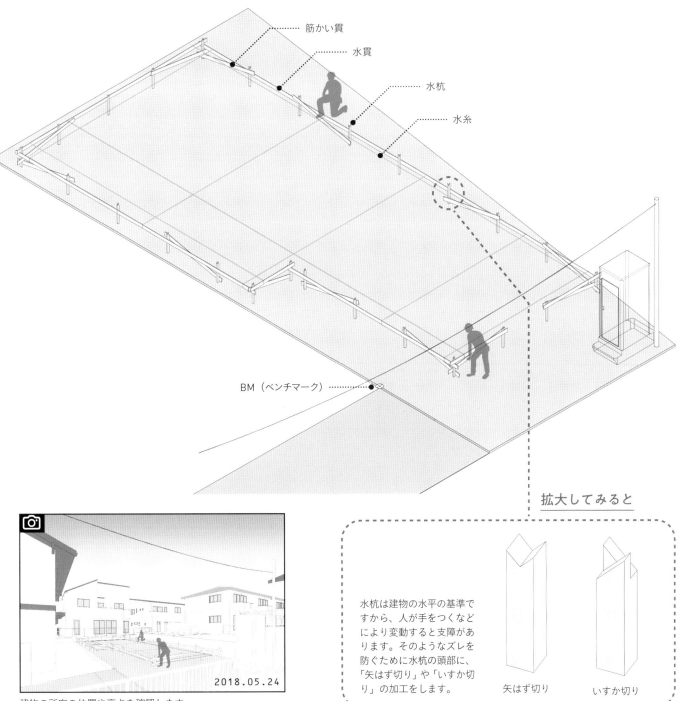

筋かい貫
水貫
水杭
水糸
BM（ベンチマーク）

拡大してみると

水杭は建物の水平の基準ですから、人が手をつくなどにより変動すると支障があります。そのようなズレを防ぐために水杭の頭部に、「矢はず切り」や「いすか切り」の加工をします。

矢はず切り　　いすか切り

2018.05.24

建物の所定の位置や高さを確認します。

05｜土工事／根切り

基礎形状に応じて土を掘削する

基礎をつくる部分の土を掘削することを「根切り」といいます。根切りは「土工事」に含まれます。根切りには、基礎の形状に応じて「壺掘り」、「布掘り」、「総掘り」がありますが、この住宅の基礎はべた基礎ですので、「総掘り」になります。逆T字型の「布基礎」は、基礎部分のみを根切りする「布掘り」です。バックフォーなどの建設機械で掘削して土を搬出します。

根切りの下には地盤改良工事の鋼管108本が埋設されています。べた基礎・布基礎については、P.32を参照して下さい。

拡大してみると
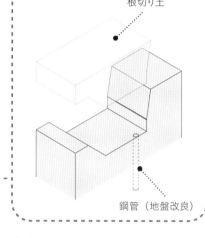
根切り土
鋼管（地盤改良）

ミニバックフォー
一輪車（ネコ）

POINT
基礎の形式と根切り
根切り土　独立基礎　布基礎　べた基礎
壺掘り　布掘り　総掘り

POINT
根切りの語源
樹木の新根や枝の成長を抑えるために根を切ることに由来します。建築工事では基礎をつくるために土を掘ることを指します。

着工 5月12日
5月29日 土工事 根切り
6月1日 割栗地業
12月20日 竣工

2018.05.29
これから基礎をつくるための工事が始まります。

ミニバックフォーで基礎根切り部分を掘削します。

06│地業工事①割栗地業

基礎と地盤の間に施す工事の総称

建物に加わる荷重を基礎から地盤に正常に伝えなければ、建物は傾いてしまいます。それを防ぐため、基礎と地盤の間に施す工事を「地業」といいます。根切りによって、地盤の表面が不安定になります。そこで、根切りで地盤を掘削した部分に、割栗石（砕いた岩石。100〜200mm程度の大径のも

の）を敷き込み、隙間に目つぶし砂利を入れて、ランマーなどを使って突き固めます。これを「割栗地業」と呼びます。

　この住宅は割栗石の代わりに、小径の砕石を使用しました。近年は割栗石の入手が困難なためです。

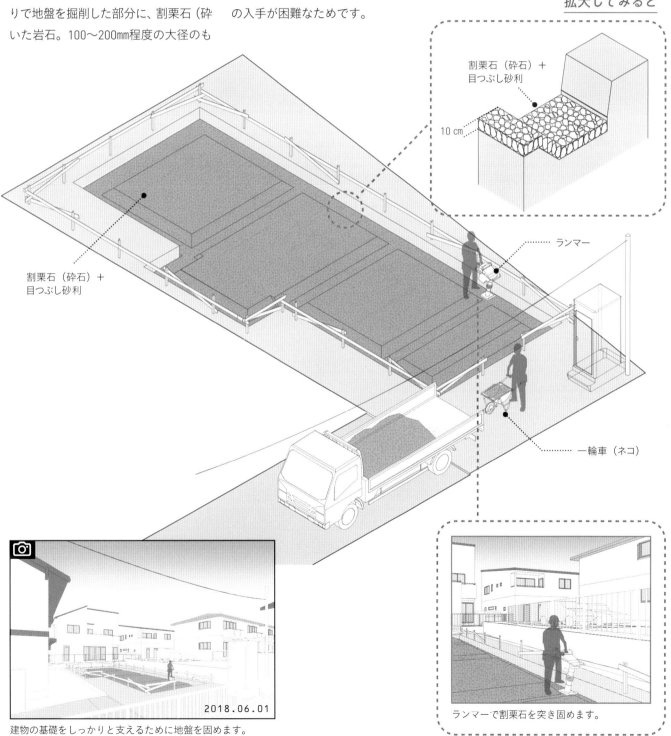

拡大してみると

割栗石（砕石）＋
目つぶし砂利

10 cm

割栗石（砕石）＋
目つぶし砂利

ランマー

一輪車（ネコ）

2018.06.01

建物の基礎をしっかりと支えるために地盤を固めます。

ランマーで割栗石を突き固めます。

07 | 地業工事②

防湿シート敷き込み・捨てコンクリート打設

割栗石の上に、地盤からの湿気を遮断する防湿シートを敷き込みます。その後、基礎の底版部分に厚み3～5cm程度の捨てコンクリートを打設し、コンクリートが硬化した後、外壁の中心線の位置を記す「基準墨」を設定します。ここまでが地業工事です。コンクリートはセメントと骨材（砂や砂利）に水を加えて混ぜて作ります。現場でセメントを調合する場合もありますが、適切に調合しないとコンクリートの強度に悪影響を及ぼすので、「プラント」と呼ばれる生コン工場で調合したコンクリートをミキサー車で現場に搬入し、コンクリートポンプ車で打設します。

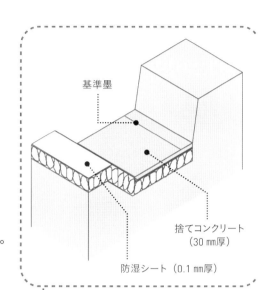

基準墨

捨てコンクリート（30 mm厚）

防湿シート（0.1 mm厚）

捨てコンクリート（30 mm厚）

拡大してみると

防湿シート（0.1 mm厚）

コンクリートポンプ車

コンクリートミキサー車

着工 —— 5月12日

6月3日
防湿シート打設

6月5日
型枠・配筋　配筋検査（P.31）

12月20日
竣工

2018.06.03

プラントで調合されたコンクリートをポンプ車で打設します。

捨てコンクリートは基礎の正確な位置や高さの基準、型枠・配筋の固定などの目的があり、精度が求められます。

08 | 基礎工事①

型枠・配筋・スリーブの設置

こから基礎工事になります。

捨てコンクリートに記した基準墨をたよりに、鉄筋が基礎コンクリートの所定の位置にくるように配筋を行います。同時に、アンカーボルトも所定の位置・高さにセットします。その後、外周部の型枠を固定します。

建物に取り込む給水管、給湯管、排水管などのスリーブも所定の位置に設置します。工事の完了後に住宅瑕疵担保責任保険（P.111）による配筋検査を行います。

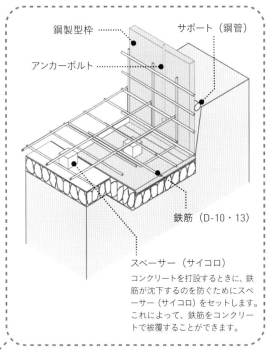

鋼製型枠
サポート（鋼管）
アンカーボルト
鉄筋（D-10・13）

スペーサー（サイコロ）
コンクリートを打設するときに、鉄筋が沈下するのを防ぐためにスペーサー（サイコロ）をセットします。これによって、鉄筋をコンクリートで被覆することができます。

拡大してみると

鋼製型枠

アンカーボルト

鉄筋

POINT

丸鋼と異形鉄筋

鉄筋には、断面形状が円形の「丸鋼」、表面に凸凹を設けてコンクリートの付着性を高めた「異形鉄筋」があります。異形鉄筋は直径の寸法によって「D-○○」と呼び分けます。本書の住宅では異形鉄筋（D-10・13）を使用しています。

丸鋼　　異形鉄筋

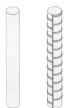

POINT

鋼製型枠

型枠には合板などを使った「木製型枠」と、鋼板を用いた「鋼製型枠」があります。鋼製型枠は木製型枠に比べて、コストがかかりますが、耐久性があり再利用ができ、地球環境に優しい特長があります。近年は住宅でも鋼製型枠が使われることが多いです。

2018.06.05

基礎の鉄筋が組み上がりました。所定の位置にアンカーボルトをセットします。

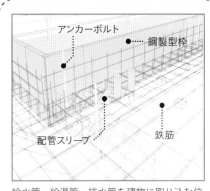

アンカーボルト
鋼製型枠
配管スリーブ
鉄筋

給水管・給湯管・排水管を建物に取り込む位置に塩ビ管のスリーブを設置します。

09 | 基礎工事②

べた基礎部分の
コンクリート打設

べた基礎（P.32）部分のコンクリートを打設します。

べた基礎の厚みは15cm程度です。外周壁や主要な間仕切壁の下には、線状に基礎立ち上がりを設けます。

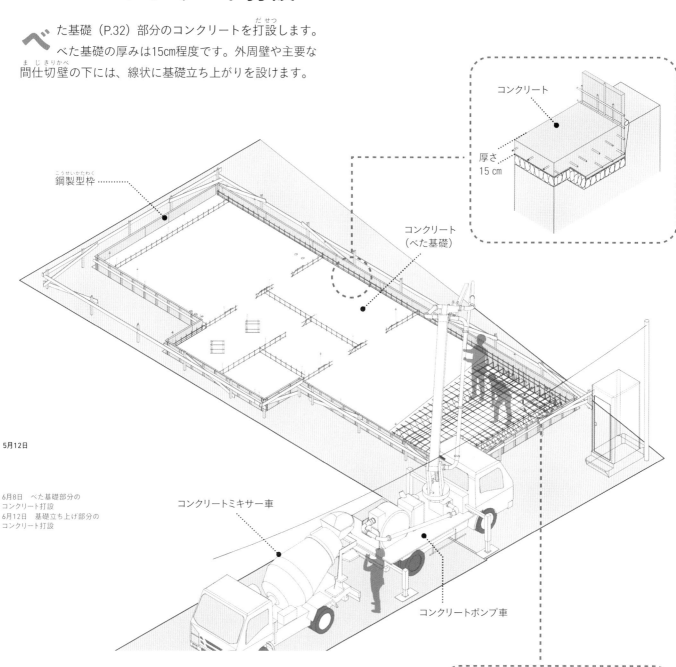

コンクリート

厚さ 15cm

鋼製型枠（こうせいかたわく）

コンクリート（べた基礎）

コンクリートミキサー車

コンクリートポンプ車

2018.06.08

べた基礎が完成です。

べた基礎のコンクリートを打設します。

10 | 基礎工事③
基礎立ち上がり部分の コンクリート打設

べた基礎のコンクリートが硬化後、基礎立ち上がり部分の型枠を固定して、コンクリートを打設します。基礎立ち上がり部分の幅は12cmです。

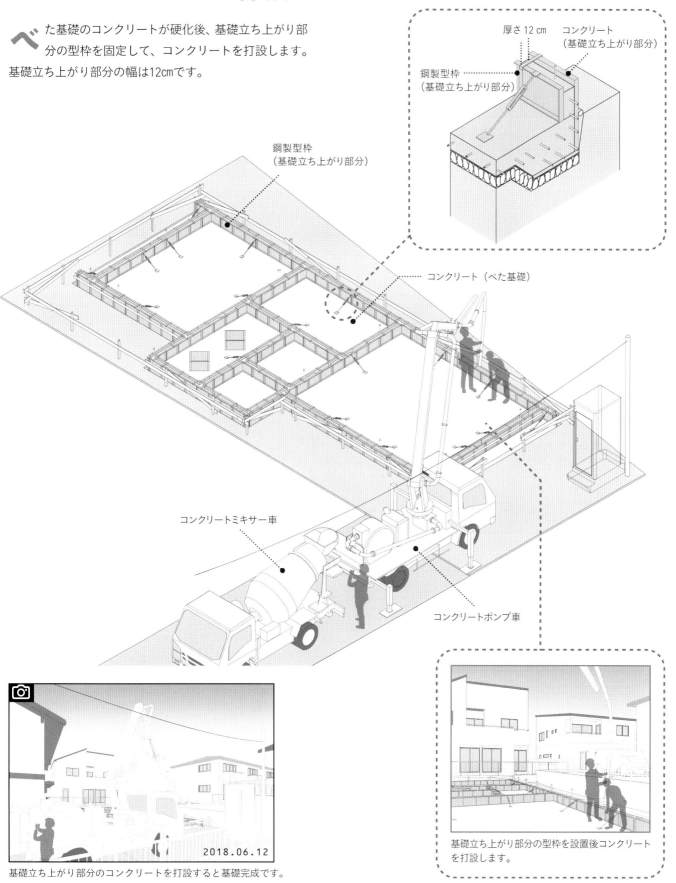

厚さ12cm

コンクリート（基礎立ち上がり部分）

鋼製型枠（基礎立ち上がり部分）

鋼製型枠（基礎立ち上がり部分）

コンクリート（べた基礎）

コンクリートミキサー車

コンクリートポンプ車

2018.06.12

基礎立ち上がり部分のコンクリートを打設すると基礎完成です。

基礎立ち上がり部分の型枠を設置後コンクリートを打設します。

11 | 基礎工事④

型枠撤去と埋め戻し作業

コンクリートの硬化後、型枠を撤去します。基礎の周囲に土を埋め戻して基礎は完成です。

拡大してみると

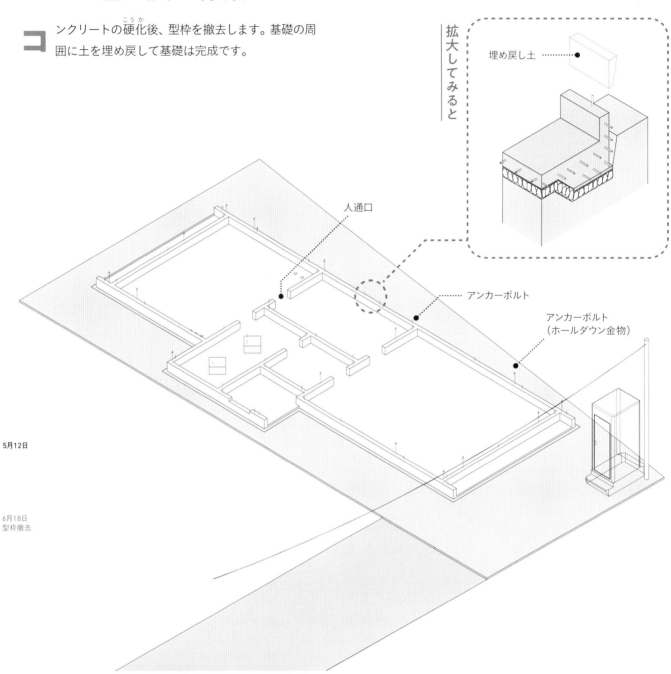

埋め戻し土

人通口

アンカーボルト

アンカーボルト（ホールダウン金物）

着工
5月12日

6月18日
型枠撤去

12月20日
竣工

2018.06.18

基礎が完成しました。

POINT

人通口

文字通り床下を人が移動できるようにするために、基礎の立ち上がり部分を設けません。人通口の幅は60cm程度です。床の点検口や床下収納から床下に侵入して、配管などを保守点検します。

配筋検査

べた基礎のコンクリートを打設する前の様子。この状態で住宅瑕疵（かし）担保責任保険（P.111）による配筋検査（はいきん）を受けます。

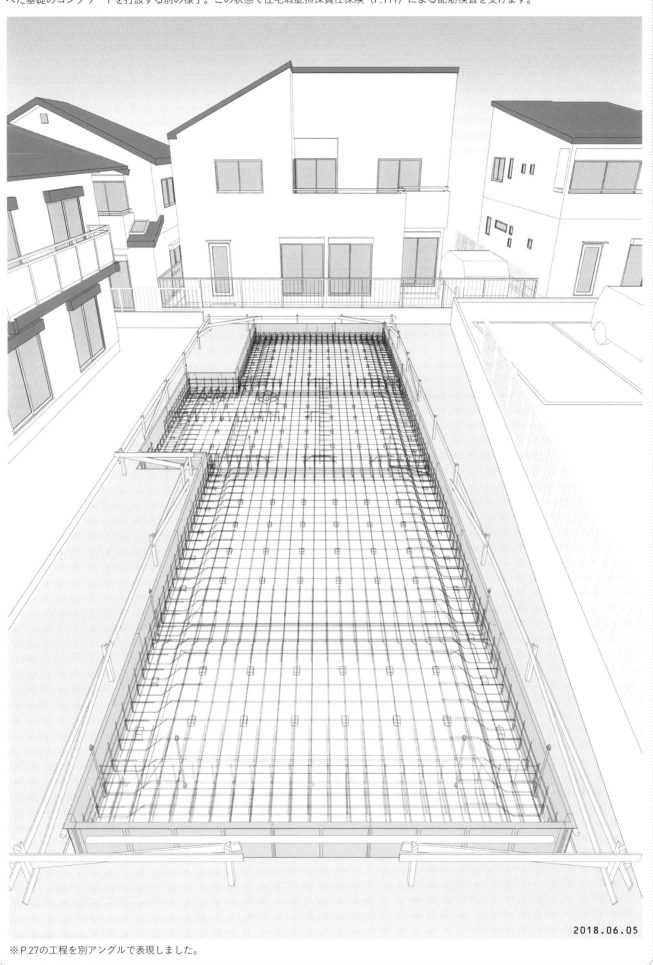

配筋検査

2018.06.05

※P.27の工程を別アングルで表現しました。

COLUMN
知って
おきたい

住宅の基礎
べた基礎と布基礎

この住宅では、敷地の地盤の強度に問題があったので、地盤改良をした上で「べた基礎」にしました。良好な地盤では「布基礎」にします。

右頁の布基礎のイラストは、建物を同じ条件・良好な地盤を想定した場合のものです。建物に加わる荷重を「面」で受けるべた基礎（下図）に対して、布基礎は「線」で受けることがわかります。布基礎の形状は、逆T字型をしており、べた基礎と同様に鉄筋コンクリート

です。べた基礎は布基礎に比べてコンクリートや鉄筋の使用量が多くなり、工事費も嵩みます。布基礎では建物の床下部分には地盤がありますが、近年は、地盤からの湿気を遮断するために、厚みが5cm程度の防湿コンクリートを設けますので（P.39）、工事費の差は小さくなります。基礎の剛性、1階床組の施工性などを考慮すると、べた基礎のメリットは大きいと言えます。

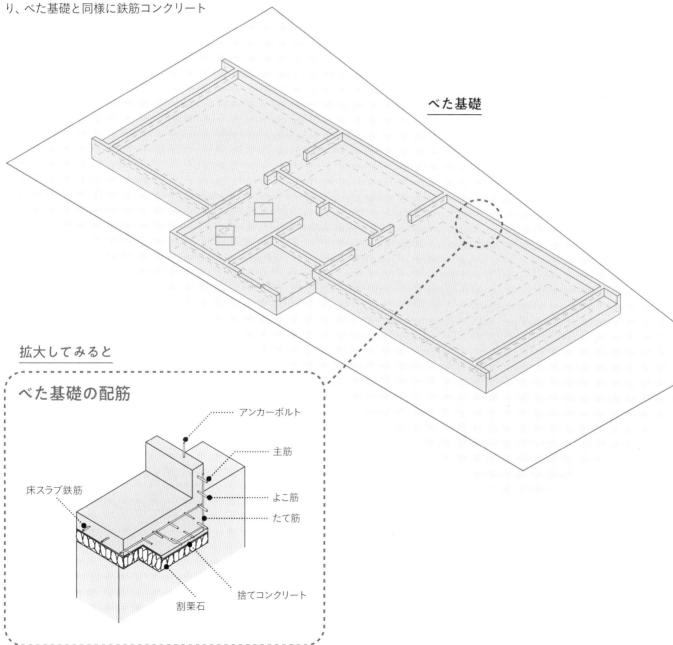

べた基礎

拡大してみると

べた基礎の配筋

アンカーボルト

主筋

床スラブ鉄筋

よこ筋

たて筋

捨てコンクリート

割栗石

POINT
建物の荷重について
建物に加わる荷重には、建物の自重（じじゅう）のほか、人・家具・雪の重み、風力や地震力などがあります。

べた基礎は荷重を面で受ける

べた基礎

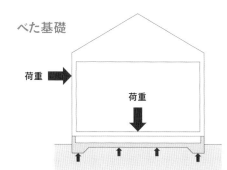

布基礎は荷重を線で受ける

布基礎

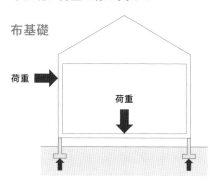

POINT
「ベタ」と「布」
べた基礎の「ベタ」は「全面や一面に広がっている」という意味です。布基礎は布製の基礎という意味ではありません。「布」には、もともと平らや長手という意味があることから、「土台の下に水平に・帯状に据え付けられた基礎」という意味を持ちます。

布基礎

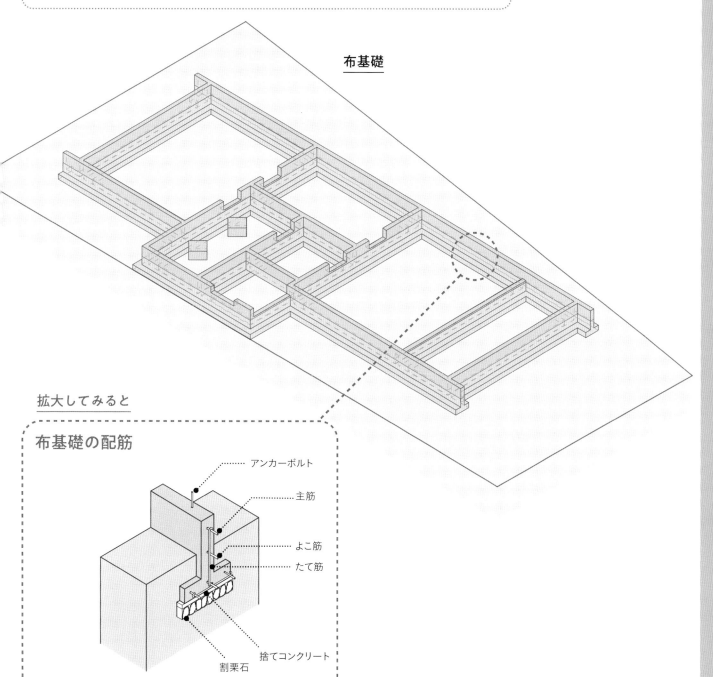

拡大してみると

布基礎の配筋

- アンカーボルト
- 主筋
- よこ筋
- たて筋
- 捨てコンクリート
- 割栗石

12│配管設備工事

配管工事
給排水・給湯・ガス

基礎工事が完了して、躯体工事が始まる前に敷地内及び床下の給排水・給湯・ガスなどの配管工事を行います。

拡大してみると

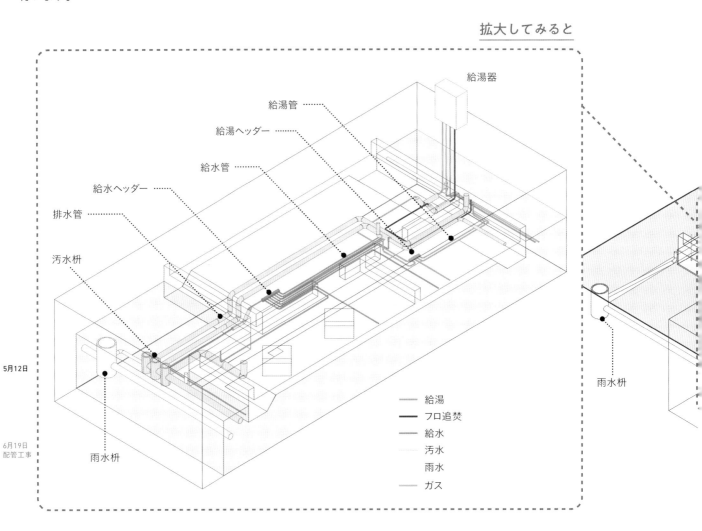

給湯器
給湯管
給湯ヘッダー
給水管
給水ヘッダー
排水管
汚水枡
雨水枡
雨水枡

── 給湯
── フロ追焚
── 給水
…… 汚水
── 雨水
── ガス

2018.06.19

給排水・給湯・ガスの配管工事を行います。

「さや管ヘッダー工法」による給水・給湯配管

給水・給湯配管は「さや管ヘッダー工法」を採用しています。この工法は、給水や給湯配管を器具ごとに分岐することなく給水や給湯ヘッダーで集結させて、そこから台所や洗面所、浴室などにあるそれぞれの器具へ直接配管する工法です。この工法は、マンションのような集合住宅を中心に採用されていましたが、近年では一般の戸建住宅でも主流になっています。従来の「先分岐工法」に比べて、保守点検がしやすい、給湯配管では湯待ち時間（水栓を開いてから湯が出てくるまでの時間）が短いなどの特長があります。

分流式下水道

住宅設備機器からの排水（汚水）や雨水を敷地外に排出するための配管が必要になります。汚水と雨水を一緒にして公共下水道に流す合流方式と、汚水は公共下水道に、雨水は側溝や川に直接放流する分流方式があります。
この住宅では、環境面でも衛生面でも優れた分流方式を採用しています。配管の途中に枡を設置したり、スムースに排水されるように配管に勾配をつけます。

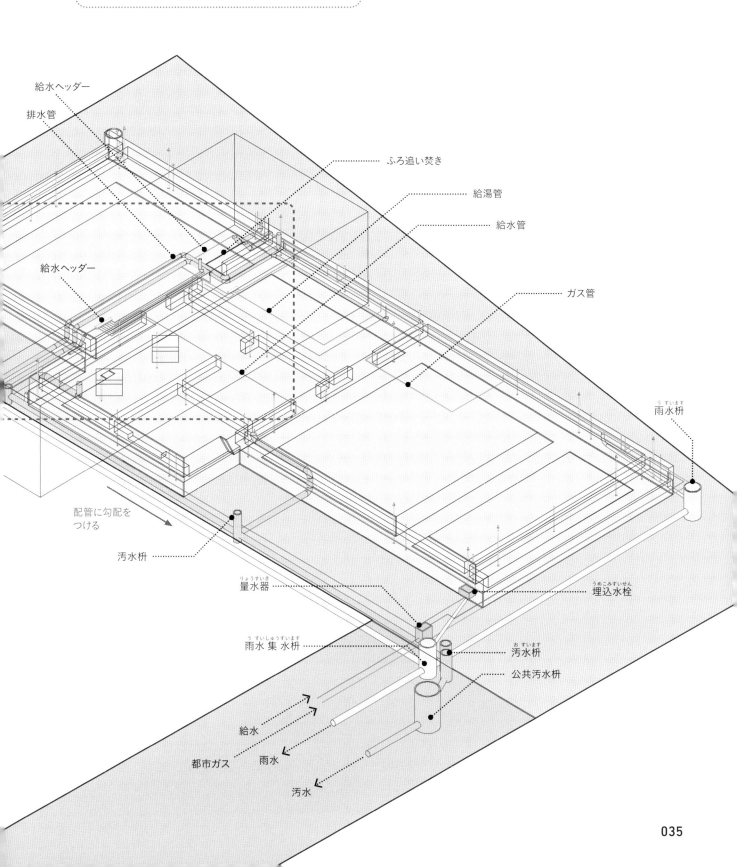

給水ヘッダー
排水管
ふろ追い焚き
給湯管
給水管
給水ヘッダー
ガス管
雨水枡
配管に勾配をつける
汚水枡
量水器
埋込水栓
雨水集水枡
汚水枡
公共汚水枡
給水
都市ガス
雨水
汚水

13 | 躯体工事①
基礎と土台の固定と大引取付け

こ から建物の骨組にあたる「躯体」の工事が始まります。土台をあらかじめ基礎に取付けられたアンカーボルトを使って基礎に固定しますが、このとき基礎と土台の間に樹脂製の基礎パッキンを挟みます。これは床下換気口の役割をして「ネコ土台」（P.38）と呼ばれます。

大引は1階床組の下地で、従来は建て方を終えてから施工しますが、この住宅は、1・2階の床組に「根太レス」の剛床（P.38）を採用しているため、土台と同時に大引も取付けます。土台・大引の「仕口」・「継手」は工場で機械加工されたプレカット材を使用しています。プレカットについての詳細は、P.46を参照して下さい。

拡大してみると

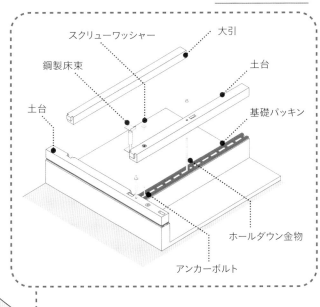

- スクリューワッシャー
- 大引
- 鋼製床束
- 土台
- 土台
- 基礎パッキン
- ホールダウン金物
- アンカーボルト

(!) 床下の換気は点から線へ！

- 大引（90 × 90 @ 910）
- 鋼製床束 @ 910
- 土台 105 × 105（防腐防蟻処理）
- 基礎パッキン（ネコ土台）

POINT
土台
土台は骨組の最下部にあって、最も腐朽しやすい部分で、シロアリの被害を受けやすい部分でもあります。そこで、腐朽や虫害に強いヒノキやヒバが使われてきました。現在は薬液を注入した防腐防蟻処理材の使用が一般的です。

POINT
床束
床束は大引を支えます。樹脂製の床束もありますが、この住宅では鋼製の床束を使用しました。高さの調整がしやすく、最近ではべた基礎と合わせて普及しています。

2018.06.21

土台を取付けます。

着工 5月12日

6月21日
～22日
躯体工事

12月20日
竣工

036

14 | 躯体工事②

床断熱材と床パネルの設置

専用の受け金物を使って、大引の間に断熱材を固定します。この住宅では、床の断熱材に発泡ポリスチレン板を使いました。次に、土台と大引の上に構造用合板の床パネルを直接のせて所定の釘と間隔でしっかり土台・大引に固定します。柱が取り合う部分の床パネルは、あらかじめ工場で欠込み加工（プレカット）しておきます。全面に床パネルが敷き込まれるので、この先の建て方の作業効率がよくなります。

アトリエとパントリーの床に床下に入って配管などを保守点検するための点検口を設けました。

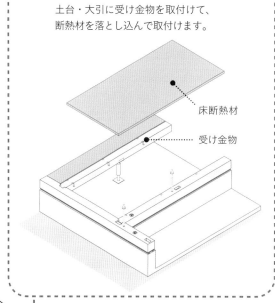

床断熱材の取付け方法
土台・大引に受け金物を取付けて、断熱材を落とし込んで取付けます。

床断熱材

受け金物

床下点検口

床パネル
（構造用合板 28 mm厚 /
910 × 1820）

床断熱材発砲ポリスチレン板（25 mm厚）

ホールダウン金物

(!) 断熱材は適材
適所で選択！

2018.06.22

1階の床組の完成です。

POINT

床の断熱材
断熱材の材質は、大別すると「繊維系断熱材」・「発泡プラスチック系断熱材」・「天然素材系断熱材」の3種類あります。グラスウールやロックウールは繊維系の断熱材ですが、床の断熱に使う場合には注意が必要です。湿気に弱い、経年で沈み隙間が生じやすいなどの弱点があるので、発泡樹脂系の断熱材が床の断熱材に良く用いられます。

COLUMN
知って
おきたい

根太レス（剛床）とネコ土台
水平剛性の高い床と床下換気の確保

従来の床組は、1階で土台や大引、2階で胴差や床梁の上に根太を固定して、下地に合板などを張る「根太床」が一般的でした。この住宅の1階と2階の床は、根太を省略して土台、大引、胴差、床梁に直接厚い合板（厚み24mm以上）の床パネルを固定する「根太レス」の剛床を採用しています。根太レスは、水平剛性の高い床を形成でき、火打梁を省略したり、根太取付の作業の合理化したりできるメリットが多いので、最近の住宅で多く採用されています。また、経年変化による根太の乾燥収縮で発生する床鳴りも防ぎます。

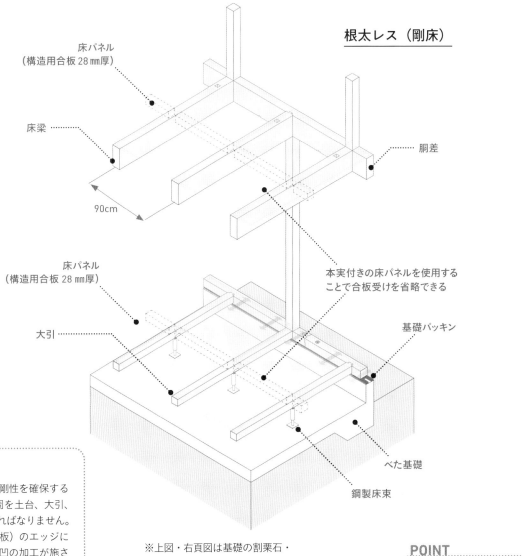

根太レス（剛床）

床パネル
（構造用合板 28 mm厚）

床梁

90cm

床パネル
（構造用合板 28 mm厚）

大引

本実付きの床パネルを使用する
ことで合板受けを省略できる

胴差

基礎パッキン

べた基礎

鋼製床束

※上図・右頁図は基礎の割栗石・
　捨コンクリートを省略しています。

POINT
本実合板

構造用合板で床面の剛性を確保するためには、合板の4周を土台、大引、梁などに固定しなければなりません。床パネル（構造用合板）のエッジには本実とよばれる凸凹の加工が施されています。この本実合板と接着剤の併用で合板受けを省略できます。

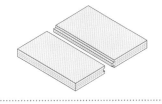

POINT
ネコ土台

呼称の由来は諸説ありますが、「ネコの額ほど」というように、ネコは「狭いところ」というたとえに使われる言葉です。土台と基礎の間に挟むことからネコ土台と呼ばれます。

床下の換気は、土台、大引、根太などの腐朽予防のために重要です。従来は下の図にあるように、基礎に4m毎に300cm²以上の換気口を設けていましたが、設置箇所や風向きの影響で換気効率や基礎の強度低下に問題があります。そこで、土台下面全体で換気するために土台と基礎の間に挟む基礎パッキンがネコ土台です。（基礎1mあたり・換気面積75cm²以上確保する必要があります）ネコ土台は基礎の欠込（かきこ）みが不要になります。

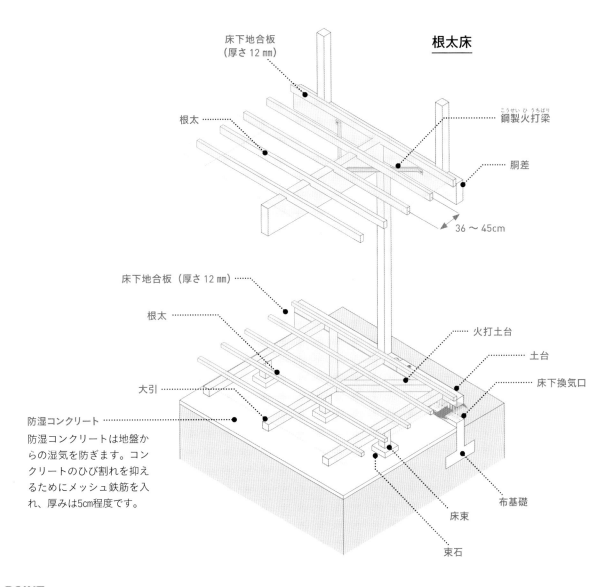

根太床

- 床下地合板（厚さ12mm）
- 根太
- 鋼製火打梁（こうせい ひうちばり）
- 胴差
- 36～45cm
- 床下地合板（厚さ12mm）
- 根太
- 火打土台
- 土台
- 床下換気口
- 大引
- 防湿コンクリート
  防湿コンクリートは地盤からの湿気を防ぎます。コンクリートのひび割れを抑えるためにメッシュ鉄筋を入れ、厚みは5cm程度です。
- 床束
- 布基礎
- 束石

POINT

床のバリアフリー

根太レスで、畳敷きの和室とフローリングの床仕上げの部屋との床段差をなくしてバリアフリーに対応する場合には工夫が必要になります。
床パネルの上に転ばし根太を設けて高さを調整します。根太床の場合は、根太の取付け高さを調整します。

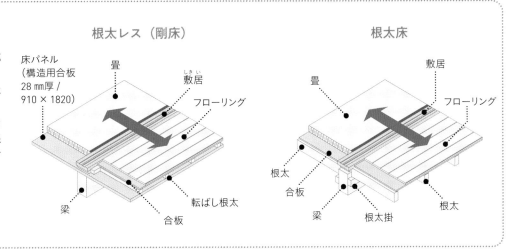

根太レス（剛床）
- 床パネル（構造用合板28mm厚 / 910×1820）
- 畳
- 敷居（しきい）
- フローリング
- 梁
- 転ばし根太（ころ）
- 合板

根太床
- 畳
- 敷居
- フローリング
- 根太
- 合板
- 梁
- 根太掛
- 根太

15│仮設工事

建て方作業前の足場組立

柱・梁などの構造部材を組み立てる作業を「建て方」あるいは「建て前」といいます。建て方に入る前に、作業性を高めるために建物の周囲に足場を取付ける必要があります。直接建物に関わる工事ではなく、工事を行うにあたり仮に設備するものなので「仮設工事」といいます。足場は作業の安全性の確保や周囲への飛散防止などのために設けられ、建物の外装工事が完了したときに解体撤去します。

木製の足場もありますが、組立解体が容易な鋼管を使った「単管足場」が一般的です。周囲にはメッシュシートを張ります。また、現場用のトイレ設置も仮設工事に含まれます。

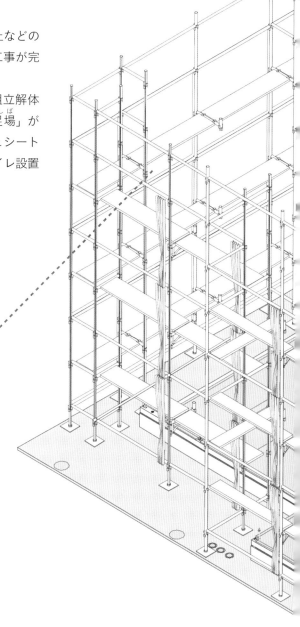

1階内部から足場を見た様子。台風などの強風により倒壊しないよう、しっかりと固定します。

着工　5月12日

6月25日
仮設工事

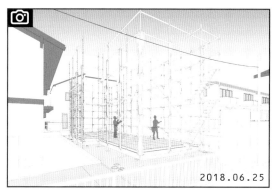

2018.06.25

建て方の前に足場を組立てます。

12月20日
竣工

040

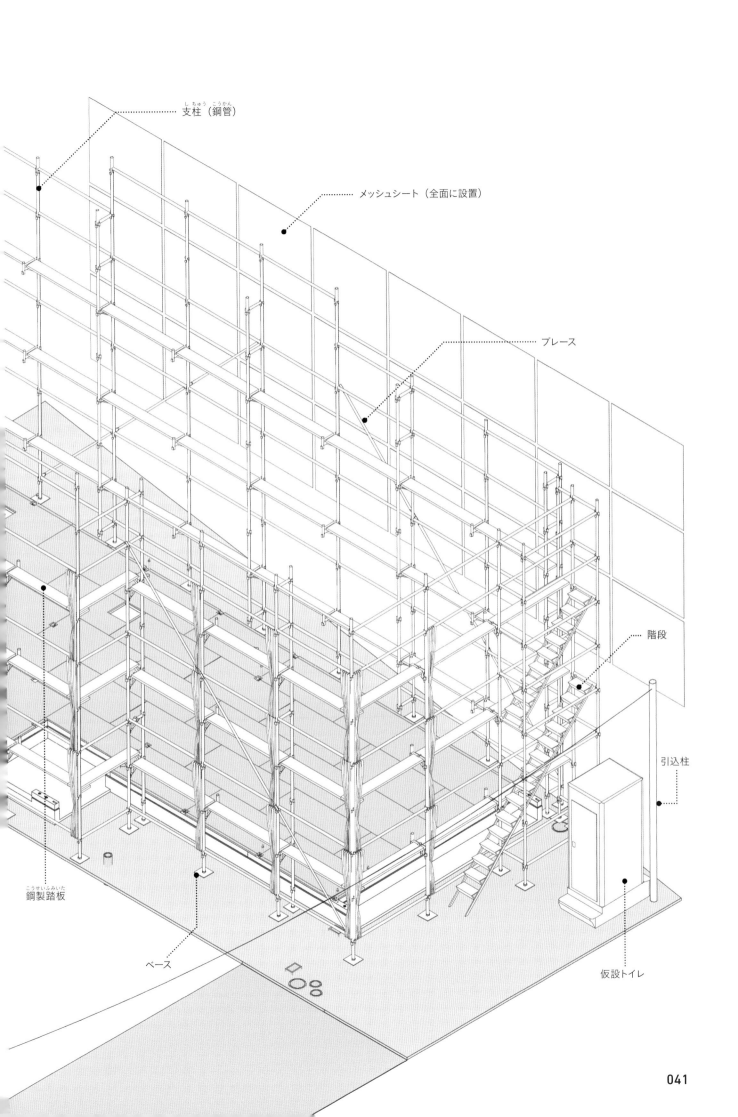

支柱（鋼管）

メッシュシート（全面に設置）

ブレース

階段

鋼製踏板

引込柱

ベース

仮設トイレ

041

16 | 躯体工事③
建て方（1階部分）

まず、土台の上に柱を固定します。柱には、通し柱と管柱（くだばしら）があります。通し柱は、土台から2階の軒まで継ぎ目のない一本の柱で、一般に建物の4隅に設けますが、この建物では2階に広いルーフテラスがあるので4隅には配置していません。各階ごとに配置する柱を管柱といいます。在来軸組工法（ざいらいじくぐみ）は間取りが自由で模様替えが容易といわれますが、それは竣工後も管柱の移動・配置がしやすいためです。次に、柱に胴差（どうさし）や床梁（ゆかばり）などの梁を取付け、接合部は羽子板（はごいた）ボルトなどの金物で緊結します（P.56）。1階の床組は「根太レス」の剛性の高い床パネルのお陰で、建て方の作業性が高くなります。柱と梁で囲まれた軸組の中に筋かいを入れますが、建て方の時には、仮の筋かいを入れておき、後日、間柱を設置するときに正式の筋かいを取付けます。

着工
5月12日

6月25日
建て方

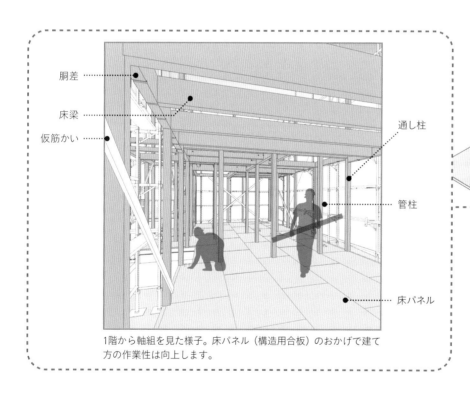

胴差
床梁
仮筋かい
通し柱
管柱
床パネル

1階から軸組を見た様子。床パネル（構造用合板）のおかげで建て方の作業性は向上します。

2018.06.25

12月20日
竣工

1階の柱・梁を組み立てます。

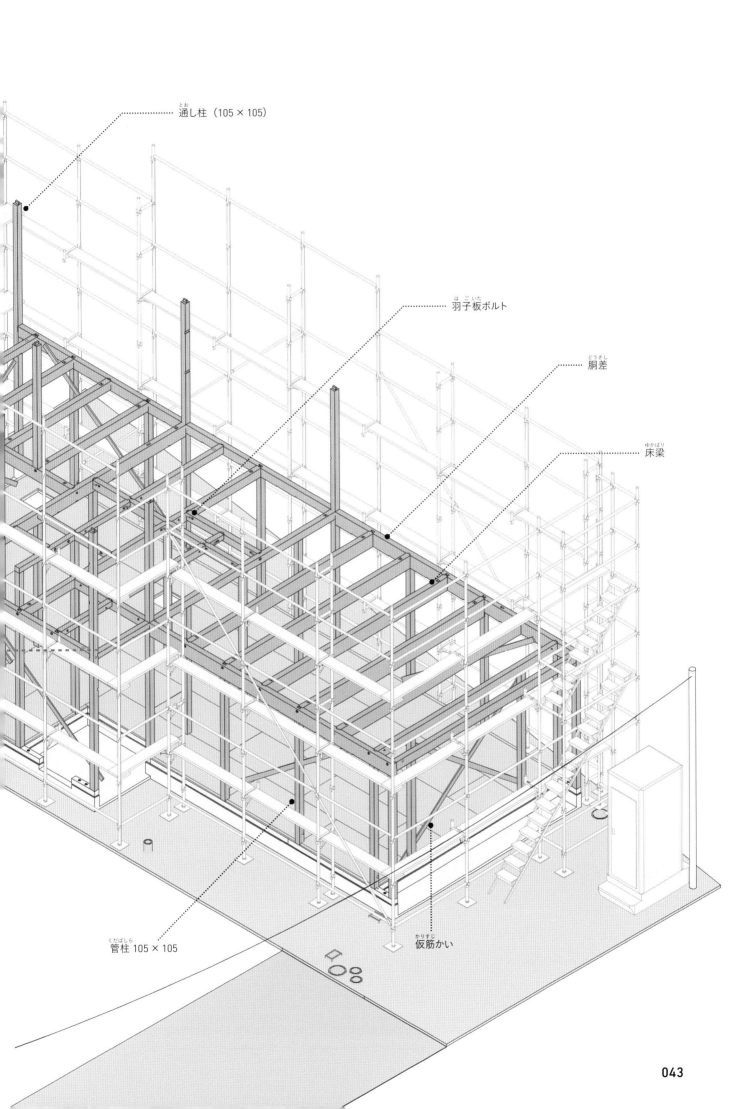

通し柱（105 × 105）

羽子板ボルト

胴差

床梁

管柱 105 × 105

仮筋かい

17 | 躯体工事④
建て方（2階部分）

引き続き2階と小屋組の柱・梁（軸組）を取付けます。1階と同様に2階の床組も「根太レス」なので、まず床パネルを固定して作業しやすくしてから、軸組を取付けます。1階と同様に仮筋かいを取付けます。

着工
● 5月12日

● 6月25日
建て方

● 12月20日
竣工

2階内部から軸組を見た様子。1階と同様に、床パネル（構造用合板）のおかげで建て方の作業性・安全性が向上します。

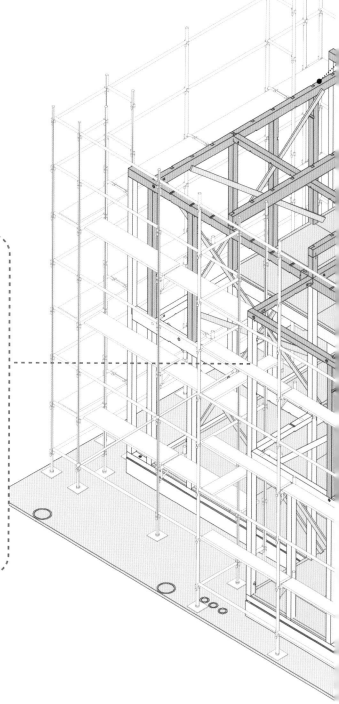

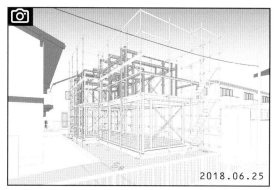

2018.06.25

2階の床パネルを設置後、2階の柱・小屋組を組み立てます。

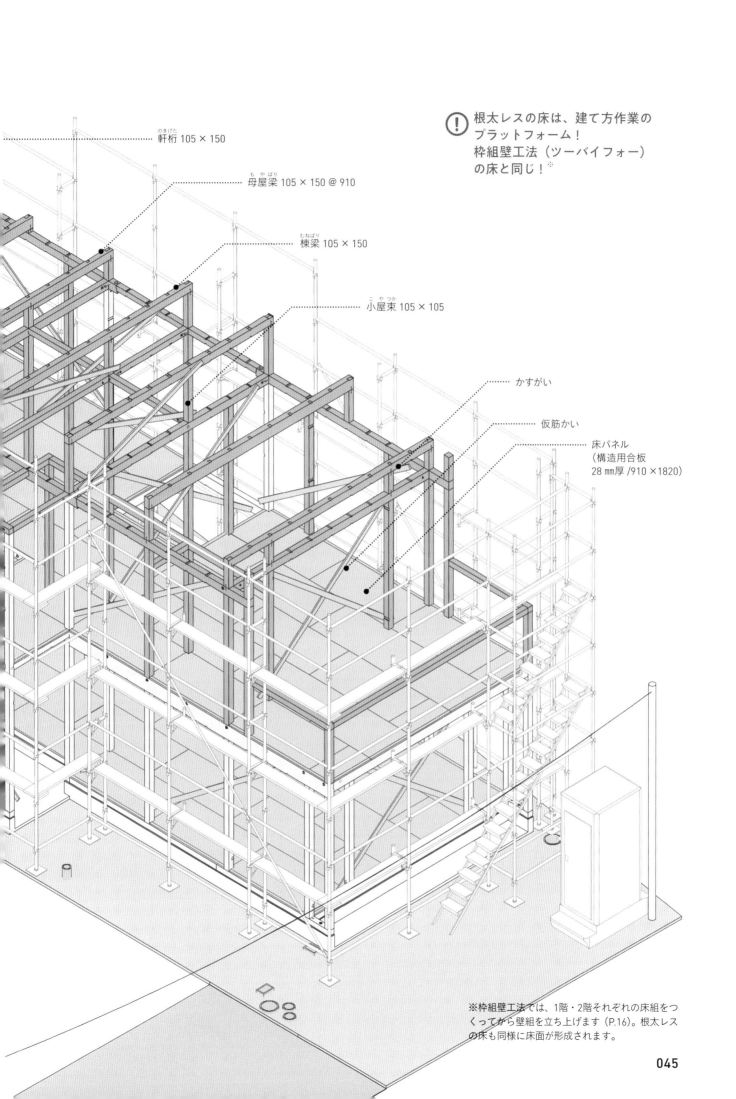

軒桁 105 × 150

母屋梁 105 × 150 @ 910

棟梁 105 × 150

小屋束 105 × 105

かすがい

仮筋かい

床パネル
（構造用合板
28 mm厚 /910 ×1820）

根太レスの床は、建て方作業の
プラットフォーム！
枠組壁工法（ツーバイフォー）
の床と同じ！※

※枠組壁工法では、1階・2階それぞれの床組をつ
くってから壁組を立ち上げます（P.16）。根太レス
の床も同様に床面が形成されます。

COLUMN
知って
おきたい | # 構造部材とプレカット
仕口や継手の加工

接合部を分解してみると

仕口　　　継手

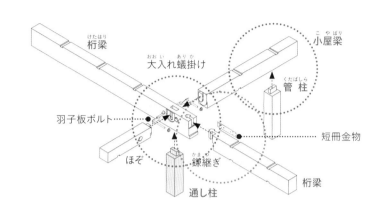

桁梁

大入れ蟻掛け

小屋梁

管柱

羽子板ボルト

短冊金物

ほぞ

鎌継ぎ

桁梁

通し柱

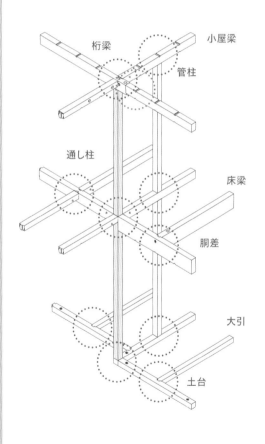

桁梁　　小屋梁

管柱

通し柱

床梁

胴差

大引

土台

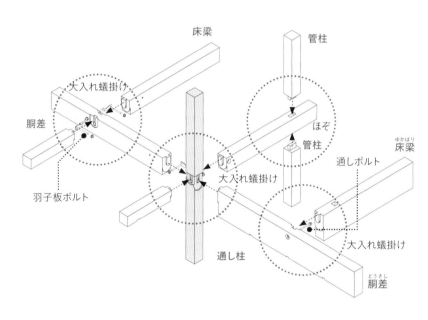

床梁

管柱

大入れ蟻掛け

胴差

ほぞ

管柱

床梁

通しボルト

羽子板ボルト

大入れ蟻掛け

大入れ蟻掛け

通し柱

胴差

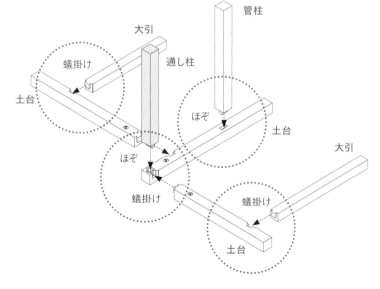

大引

管柱

蟻掛け

通し柱

土台

ほぞ

土台

ほぞ

大引

蟻掛け

蟻掛け

土台

(!) プレカットのメリットは
現場作業の簡略化・工期の短縮、廃材の抑制

在来軸組工法では、柱や梁といった二つの部材の接合部を「仕口」、同じ部材の直線状の接合部を「継手」と呼びます。仕口や継手の接合部には複雑な加工が必要で、これまでは大工の熟練度が求められてきました。近年、仕口や継手の加工にプレカットと呼ばれる工場加工された部材が普及し、現場作業の簡略化が進んでいます。

仕口・継手には大入れ蟻掛けや鎌継ぎ^{（あり）}など呼称があり、仕口や継手の接合部は適切な金物で緊結します。接合金物はP.56で詳しく解説しています。この住宅でも、床パネル（構造用合板）も含めてほとんどの構造部材にプレカットを利用しています。

プレカットされた構造部材

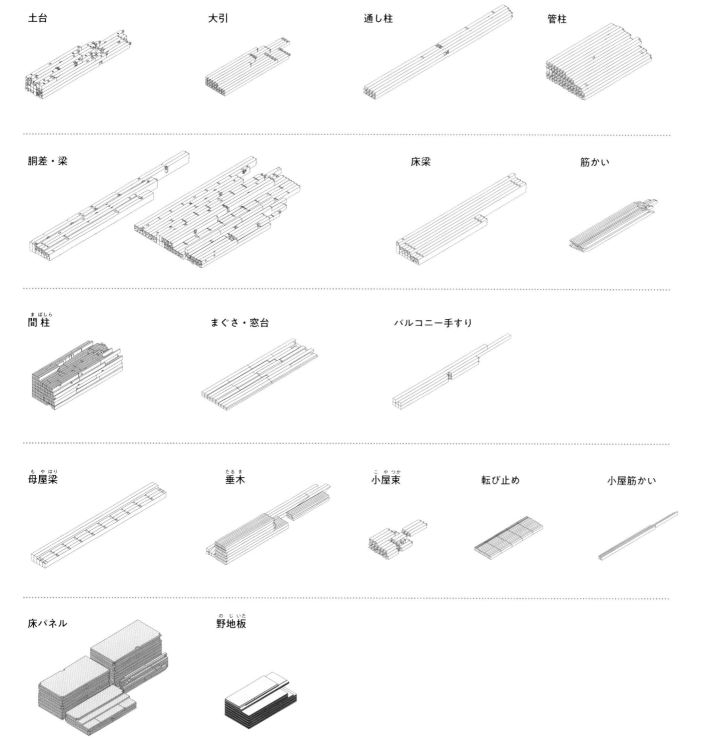

土台　　大引　　通し柱　　管柱

胴差・梁　　床梁　　筋かい

間柱（まばしら）　　まぐさ・窓台　　バルコニー手すり

母屋梁（もやはり）　　垂木（たるき）　　小屋束（こやづか）　　転び止め　　小屋筋かい

床パネル　　野地板（のじいた）

COLUMN
知って
おきたい

構造部材の種類
1軒の住宅に使用する骨組

こ の住宅に使用された構造部材を敷地に並べてみました。実際の工事では、工程に応じて部材が現場に搬入されます。柱・梁の軸組材と合板の面材で構造部材が構成されているのがわかります。部材はプレカット工場で、寸法・仕口などの加工をしてから現場に搬入されます。

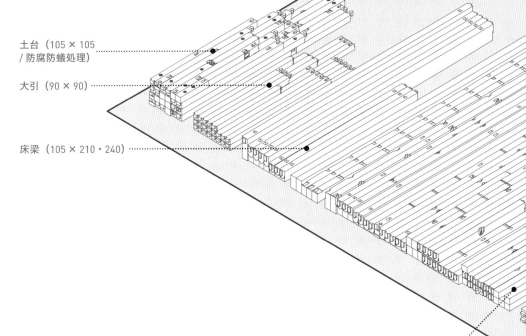

土台（105 × 105 / 防腐防蟻処理）

大引（90 × 90）

床梁（105 × 210・240）

バルコニー手すり（105 × 105）

管柱（105 × 105）

筋かい（45 × 90）

小屋筋かい（30 × 90）

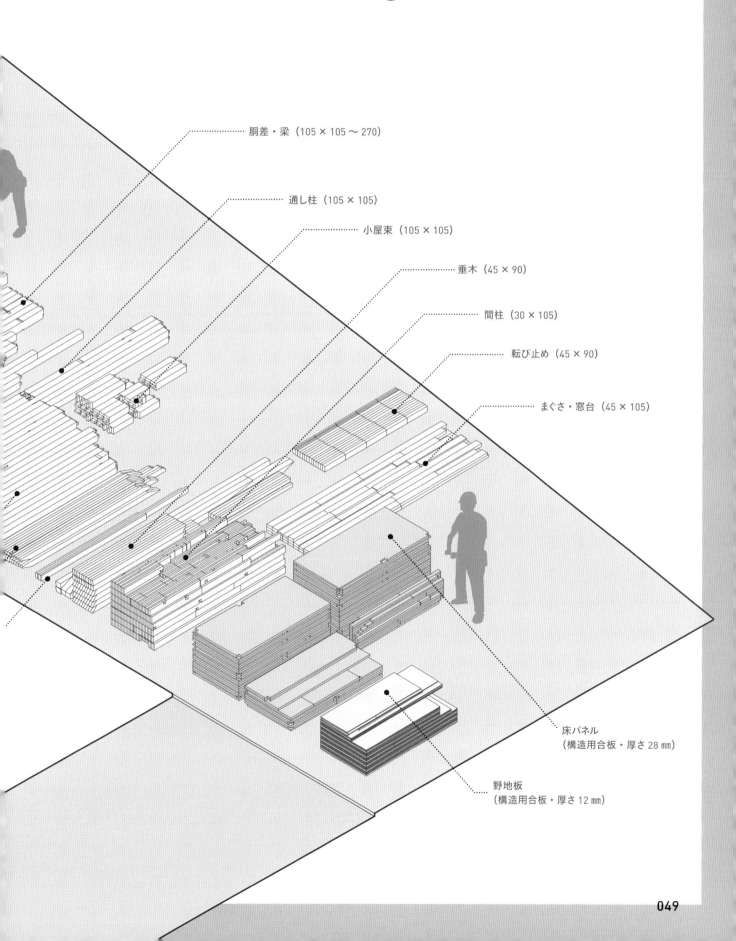

これだけの部材で、1軒の住宅の骨組ができる！

胴差・梁（105 × 105 〜 270）

通し柱（105 × 105）

小屋束（105 × 105）

垂木（45 × 90）

間柱（30 × 105）

転び止め（45 × 90）

まぐさ・窓台（45 × 105）

床パネル
（構造用合板・厚さ 28 mm）

野地板
（構造用合板・厚さ 12 mm）

18│躯体工事⑤

屋根下地（垂木・野地板取付け）

小 屋組に垂木・転び止めを取付けて、その上に合板の野地板を張ります。転び止めは梁の上に垂木の間に設けて野地板の受け材も兼ねます。これで建て方（建て前）は完了です。ここまでの建て方の作業は1日で終えます。

建て方が終わった段階で上棟式が行われるのが一般的ですが、この現場では日を改めて行うことになりました。

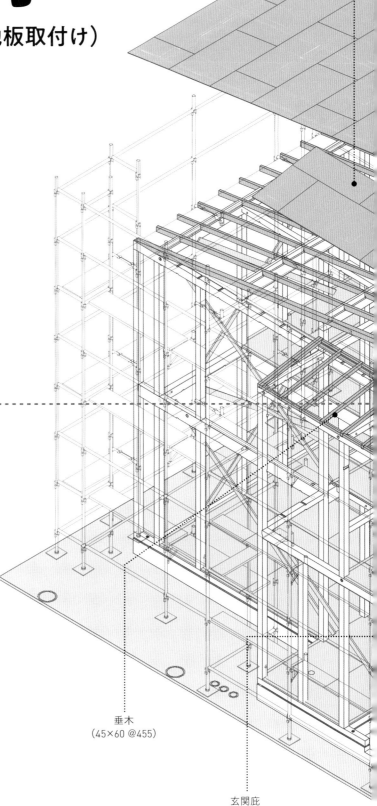

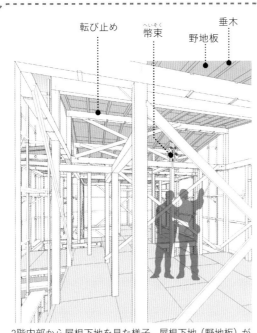

転び止め　幣束　野地板　垂木

2階内部から屋根下地を見た様子。屋根下地（野地板）が張られて、家の骨組みはほぼ完成です。

垂木
（45×60 @455）

玄関庇

2018.06.25

建て方が完了しました。

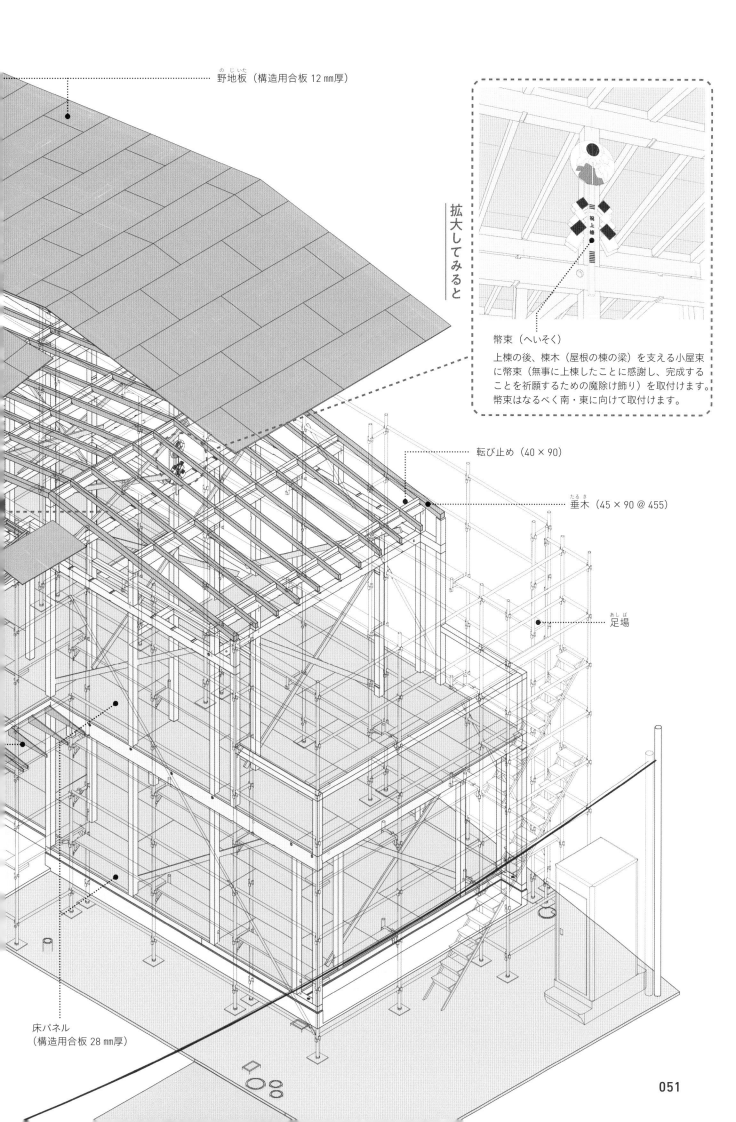

野地板（構造用合板 12 mm厚）

拡大してみると

幣束（へいそく）
上棟の後、棟木（屋根の棟の梁）を支える小屋束に幣束（無事に上棟したことに感謝し、完成することを祈願するための魔除け飾り）を取付けます。幣束はなるべく南・東に向けて取付けます。

転び止め（40 × 90）

垂木（45 × 90 @ 455）

足場

床パネル
（構造用合板 28 mm厚）

19 | 下地・金物の取付け

筋かい・間柱・胴縁・補強金物取付け・防腐防蟻処理・上棟式

仮 筋かいを外して、筋かい・間柱・まぐさ・窓台を取付けます。

柱・梁・筋かいの構造材の接合部は金物で補強します（P.57）。この後に住宅瑕疵担保責任保険の検査（P.111）を受けます。間柱は内外の壁材を取付ける下地となるもので、約45cm間隔で取

付けます。まぐさと窓台は開口部となる部分に設け、サッシ取付けの受け材となります。そして、柱・筋違・間柱・胴縁の木部の防腐防蟻剤を塗布します。

以上の作業を終えた時点で、吉日に上棟式を行いました。

POINT

上棟式

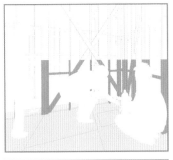

地鎮祭のときと同様に、清酒・粗塩・洗米を家の四隅にまいてお清めをしました。

リビングダイニングに合板のテーブルをセットして、工事に従事した職人の皆さんに感謝と慰労の気持ちを込めて直会を兼ねた食事会を行いました。

着工
5月12日

6月27日
上棟式

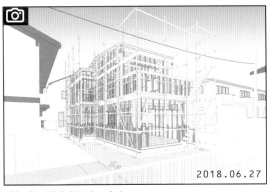
2018.06.27
1階の柱・梁を組み立てます。

12月20日
竣工

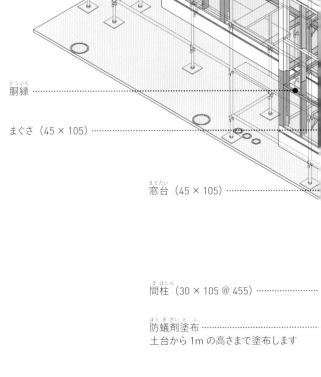

鋼製火打梁

補強金物

胴縁

まぐさ（45 × 105）

窓台（45 × 105）

間柱（30 × 105 @ 455）

防蟻剤塗布
土台から1mの高さまで塗布します

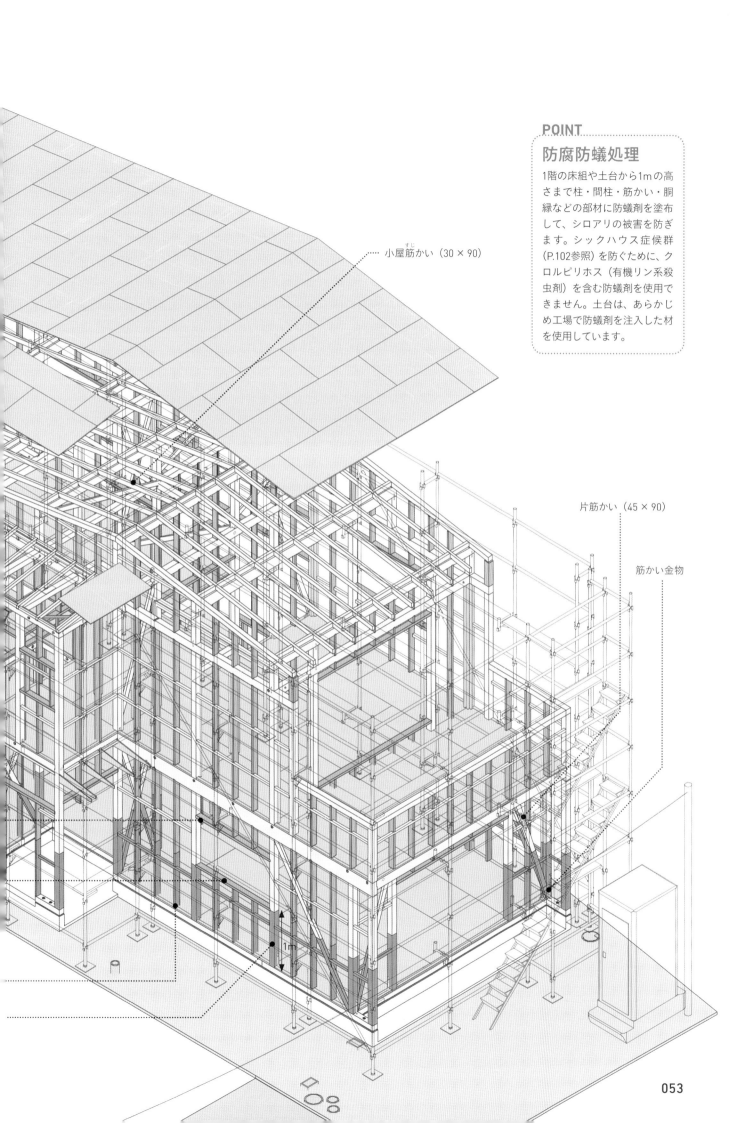

小屋筋かい（30 × 90）

POINT

防腐防蟻処理

1階の床組や土台から1mの高さまで柱・間柱・筋かい・胴縁などの部材に防蟻剤を塗布して、シロアリの被害を防ぎます。シックハウス症候群（P.102参照）を防ぐために、クロルピリホス（有機リン系殺虫剤）を含む防蟻剤を使用できません。土台は、あらかじめ工場で防蟻剤を注入した材を使用しています。

片筋かい（45 × 90）

筋かい金物

1m

COLUMN
知って おきたい
在来軸組工法の躯体の名称
骨組の名称を徹底解剖

在来軸組工法の躯体（骨組）の全体図です。各部材の名称を覚えましょう。

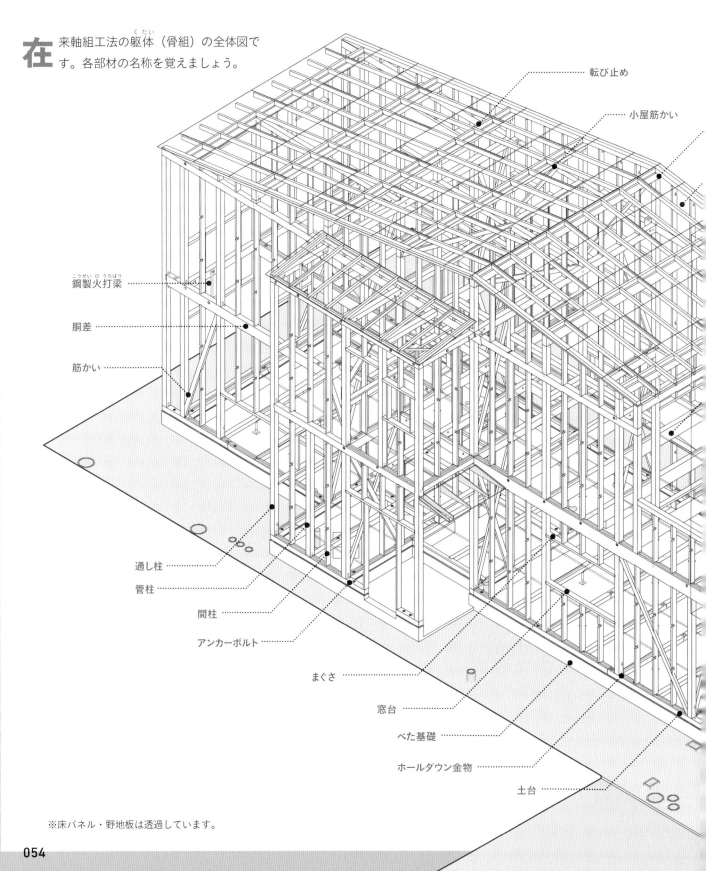

- 転び止め
- 小屋筋かい
- 鋼製火打梁（こうせい ひうちばり）
- 胴差
- 筋かい
- 通し柱
- 管柱
- 間柱
- アンカーボルト
- まぐさ
- 窓台
- べた基礎
- ホールダウン金物
- 土台

※床パネル・野地板は透過しています。

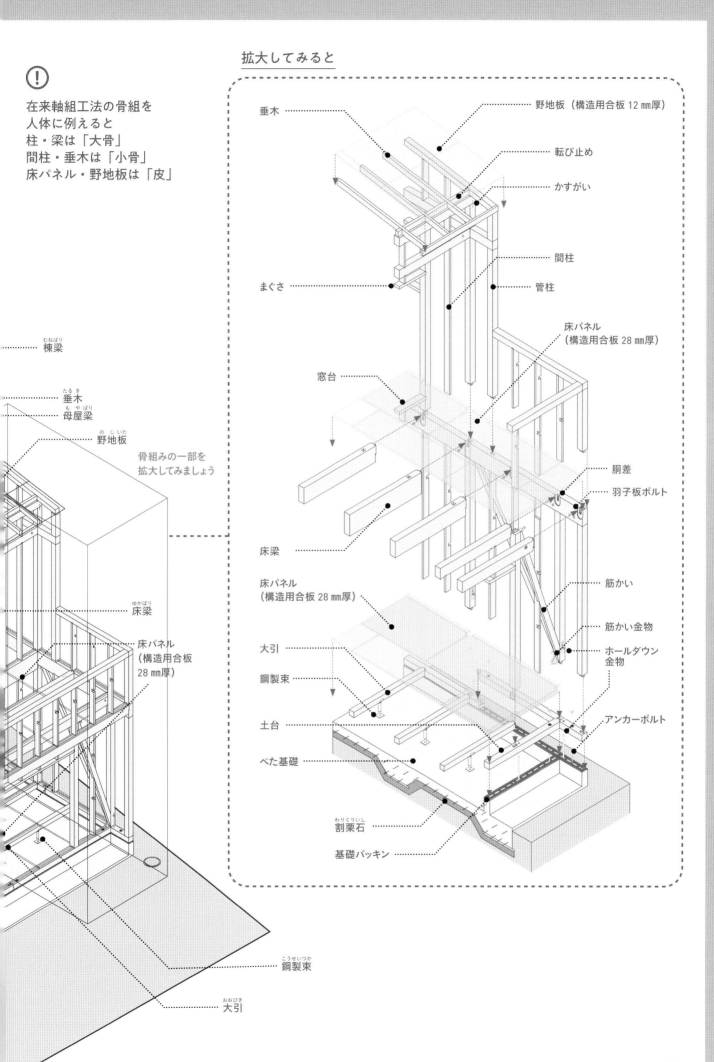

拡大してみると

① 在来軸組工法の骨組を
人体に例えると
柱・梁は「大骨」
間柱・垂木は「小骨」
床パネル・野地板は「皮」

垂木

野地板（構造用合板 12 mm厚）

転び止め

かすがい

間柱

まぐさ

管柱

床パネル
（構造用合板 28 mm厚）

窓台

胴差

羽子板ボルト

床梁

筋かい

床パネル
（構造用合板 28 mm厚）

筋かい金物

大引

ホールダウン
金物

鋼製束

土台

アンカーボルト

べた基礎

わりぐりいし
割栗石

基礎パッキン

むねばり
棟梁

たるき
垂木
もやばり
母屋梁

のじいた
野地板

骨組みの一部を
拡大してみましょう

ゆかばり
床梁

床パネル
（構造用合板
28 mm厚）

こうせいづか
鋼製束

おおびき
大引

COLUMN
知って
おきたい

接合金物（補強金物）
在来軸組工法で使用する金物

この住宅で使用されている接合金物（補強金物）を図解しました。在来軸組工法の木造住宅では、柱や梁、筋かいなどの接合部分に金物を使用して、接合強度を補強します。接合金物は、品質が高く、耐久性に優れた「建設省告示1460号」に適合した金物を使用しなければなりません。

(!) 接合金物は
適材適所に配置！

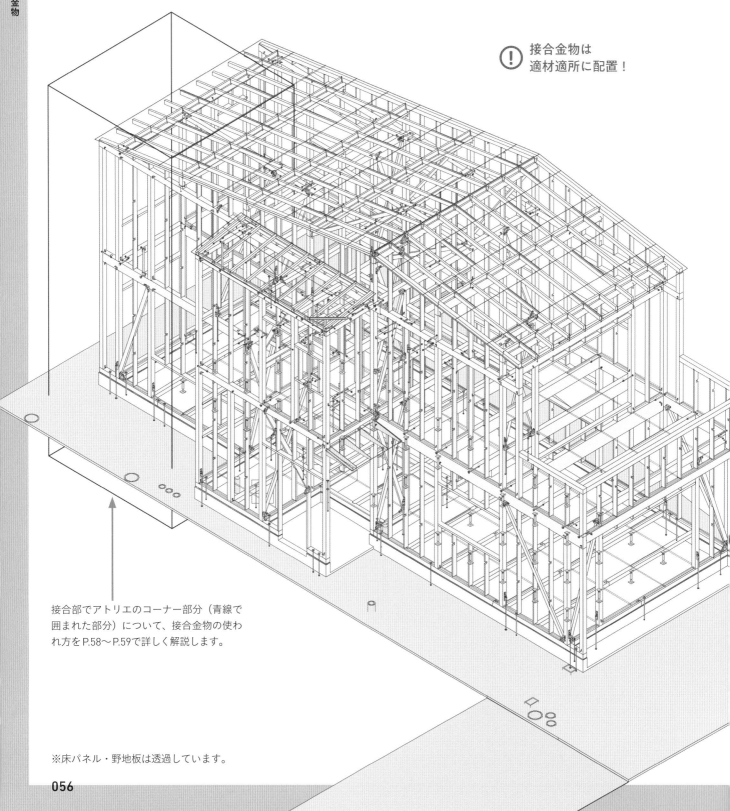

接合部でアトリエのコーナー部分（青線で囲まれた部分）について、接合金物の使われ方をP.58〜P.59で詳しく解説します。

※床パネル・野地板は透過しています。

この住宅で使用した接合金物（補強金物）

※単位はmmです。

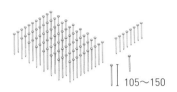

垂木止め金物（ビス）

垂木と母屋・軒桁・棟梁の接合部に使用する。ビス以外にひねり金物などがあります。

105〜150

かすがい

柱と梁の接合部に使用します。

120

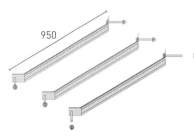

火打金物（ひうち）

梁や桁の直交部分の水平方向の変形防止のために使用します。

950

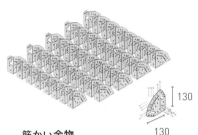

筋かい金物

筋違と柱・土台・梁の接合部に使用します。

130
130

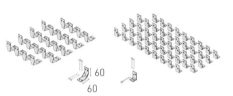

かど金物

柱・土台・梁を接合部に使用する。コーナー金物とも呼ぶます。

60
60

短冊金物

梁の継手部分に使用します。

240

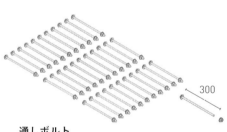

通しボルト

柱と梁・梁と梁の接合部に使用する。この住宅では、表しの梁（化粧梁）の接合部で使用します。

300

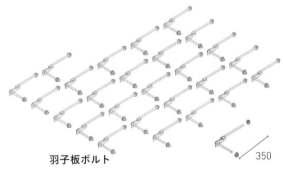

羽子板ボルト

柱と梁・梁と梁の接合部に使用します。

350

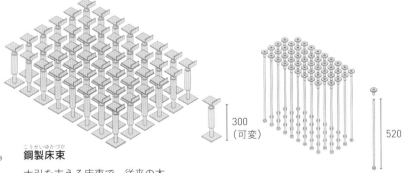
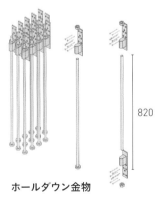

鋼製床束（こうせいゆかづか）

大引を支える床束で、従来の木製にかわり最近では鋼製や樹脂製の床束が使用されます。接合金物ではなく建築金物に含まれます。

300
（可変）

アンカーボルト

基礎と土台の接合部に使用します。

520

ホールダウン金物

柱と土台・梁の接合部に使用します。

820

※金物の寸法は一例です。メーカーや取付け場所・強度によって異なります。

この住宅の接合部

拡大図でしっかり見てみよう

接合金物（補強金物）の全体図（P.56）で示したアトリエのコーナー部分（青色で囲まれた部分）を拡大しました。それぞれ、見る方向を変え

ていますので注意して下さい。接合部A〜Dについて、接合部でどのように接合金物（補強金物）が使われているのか見てみましょう。

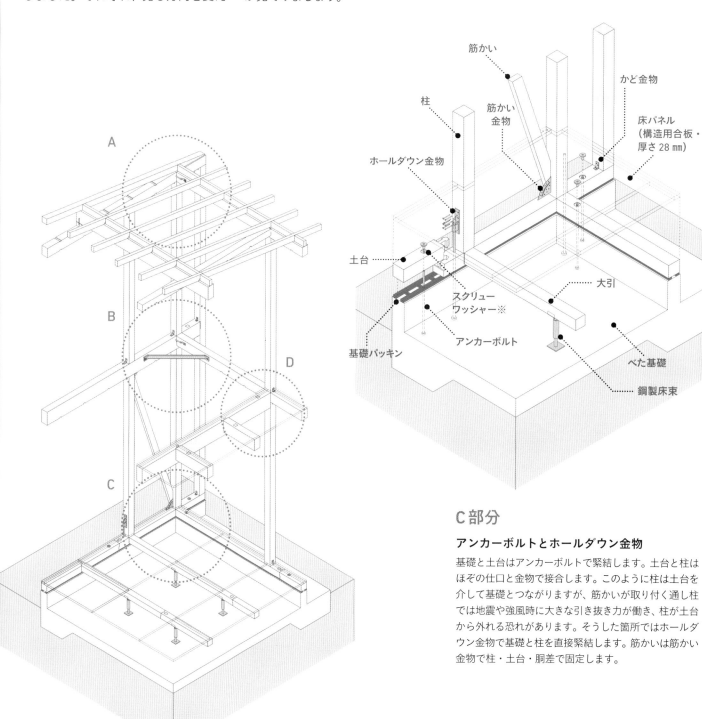

A

B

D

C

筋かい

かど金物

柱

筋かい
金物

床パネル
（構造用合板・
厚さ28mm）

ホールダウン金物

土台

大引

スクリュー
ワッシャー※

アンカーボルト

基礎パッキン

べた基礎

鋼製床束

C部分

アンカーボルトとホールダウン金物

基礎と土台はアンカーボルトで緊結します。土台と柱はほぞの仕口と金物で接合します。このように柱は土台を介して基礎とつながりますが、筋かいが取り付く通し柱では地震や強風時に大きな引き抜き力が働き、柱が土台から外れる恐れがあります。そうした箇所ではホールダウン金物で基礎と柱を直接緊結します。筋かいは筋かい金物で柱・土台・胴差で固定します。

※床合板・野地板は透過しています。

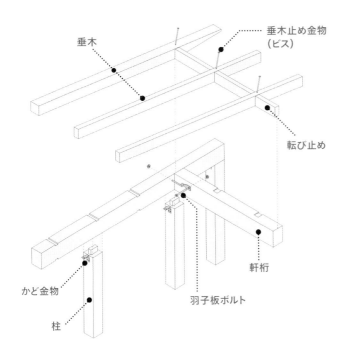

垂木

垂木止め金物
（ビス）

転び止め

軒桁

かど金物

羽子板ボルト

柱

A部分

垂木と軒桁の接合部

強風などで屋根が飛ばされないように、垂木と軒桁（母屋・棟梁）を補強金物で緊結します。補強金物には「ひねり金物」がよくつかわれますが、今回は同等の強度を持ち施工性が良い専用ビスを使用しています。

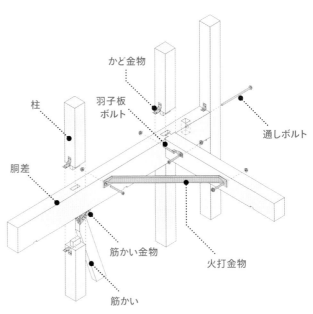

かど金物

羽子板ボルト

柱

胴差

筋かい金物

筋かい

通しボルト

火打金物

B部分

剛床と火打金物

1・2階の床組は剛床で、床パネル（厚さ28mmの構造用合板）を土台・梁に直接固定します。アトリエの吹き抜け部分には床パネルがないので、床面の変形を防ぐため、梁の直交部分に火打金物を取り付けました。火打は鋼製のほか、木製のものも使われます。

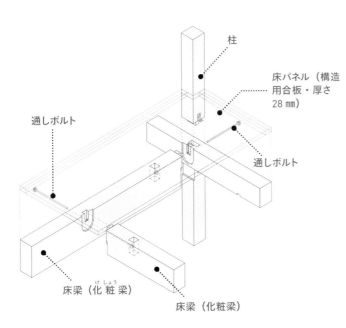

柱

床パネル（構造用合板・厚さ28mm）

通しボルト

通しボルト

床梁（化粧梁）

床梁（化粧梁）

D部分

化粧梁の接合部

リビングダイニングとアトリエでは、一部の天井を設けずに床梁・床パネル（構造用合板）を現し（化粧）仕上げにしています。柱-梁・梁-梁の接合部で羽子板ボルトを用いると、室内から金物が見えます。そこで通しボルトを梁に貫通させて、金物が見えない接合方法にしました。

POINT

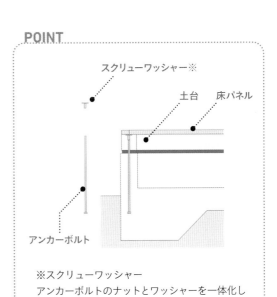

スクリューワッシャー※

土台　床パネル

アンカーボルト

※スクリューワッシャー
アンカーボルトのナットとワッシャーを一体化したもの。インパクトレンチで締め付けて土台面とフラットに土台を固定することで、床パネルを土台・大引に直に取り付けることができます。

2章
外装工事
屋根から塗装工事まで

2章では、サッシ取付け・屋根葺き・外壁の下地及び仕上げ工事までのプロセスを解説します。

屋根工事を先行させて、サッシ取付け、透湿防水シートを張ると全体の雨仕舞ができます。その後外壁工事と内装工事が並行して進みます。

2018.06.29

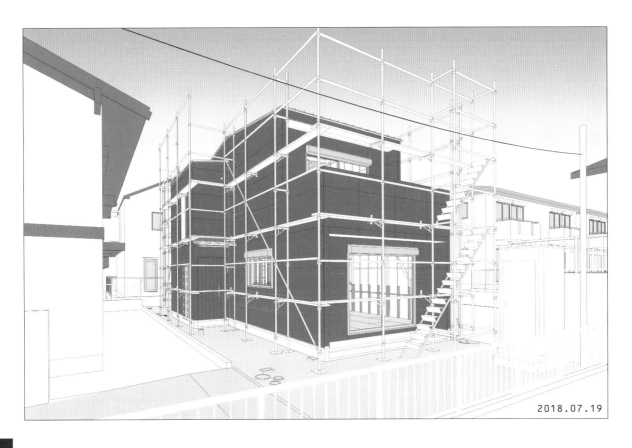

2018.07.19

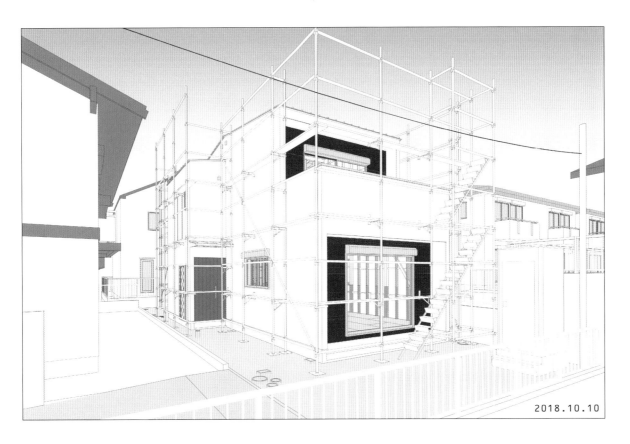

2018.10.10

20 | 屋根工事

アスファルトルーフィング張り・屋根葺き

こ の住宅の屋根は切妻・片流れ屋根の組み合わせです。屋根の勾配は1寸5分（1mにつき15cm下がる）です。野地板の上に防水層としてアスファルトルーフィングを張り、ガルバリウム鋼板の「立てはぜ葺き」で仕上げます。屋根葺き材には、瓦、化粧スレート（コロニアル）、金属板などがあります。屋根勾配が緩いので、雨仕舞を考えて金属板（ガルバリウム鋼板）を選択しました。

POINT

金属板の葺き方

立てはぜ葺きの他に「瓦棒葺き」、「一文字葺き」などがあります。

立てはぜ葺き

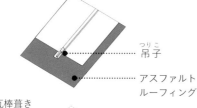

吊子

アスファルトルーフィング

瓦棒葺き

キャップ

吊子

アスファルトルーフィング

一文字葺き

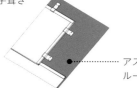

アスファルトルーフィング

着工 ● 5月12日

● 6月29日
屋根工事

12月20日
● 竣工

062

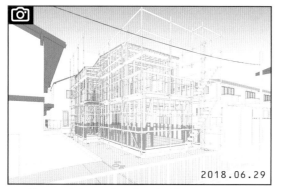

2018.06.29

この絵では見えませんが、屋根工事が完了です。

POINT

ガルバリウム鋼板

近年、木造住宅の屋根や外壁に多く使われています。アルミ亜鉛合金でメッキした鋼板で、軽量で耐久性に優れています。かつて、トタン屋根と呼ばれていた「トタン」（溶融亜鉛メッキ鋼鈑）と混同されがちですが、ガルバリウム鋼板はトタンに比べて耐久性に優れています。

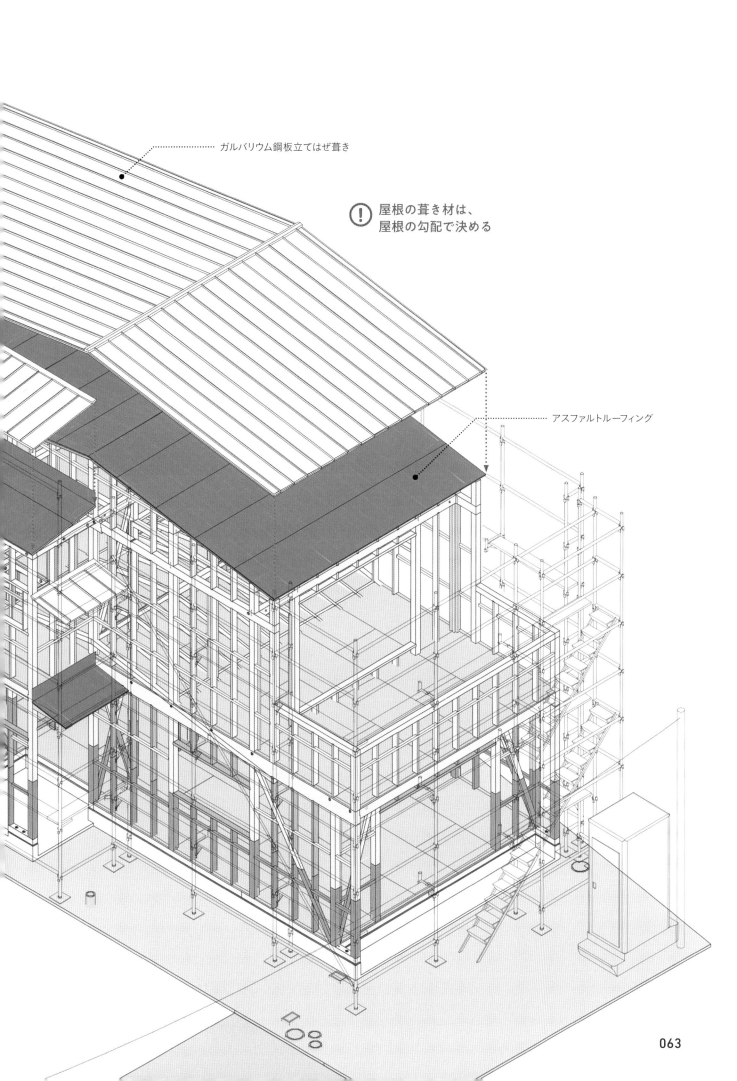

ガルバリウム鋼板立てはぜ葺き

! 屋根の葺き材は、
屋根の勾配で決める

アスファルトルーフィング

21 | サッシ取付け・バルコニー防水工事

防水層を設ける

開口部にサッシを取付けます（サッシの種類については P.75を参照して下さい）。その後、2階のルーフテラスの防水工事を行います。2階床パネルの上に転ばし根太と耐水合板で下地を作り、FRP（繊維強化プラスチック）を塗布して防水層を形成します。転ばし根太には、水勾配をつけて、バルコニーの排水を良くします。

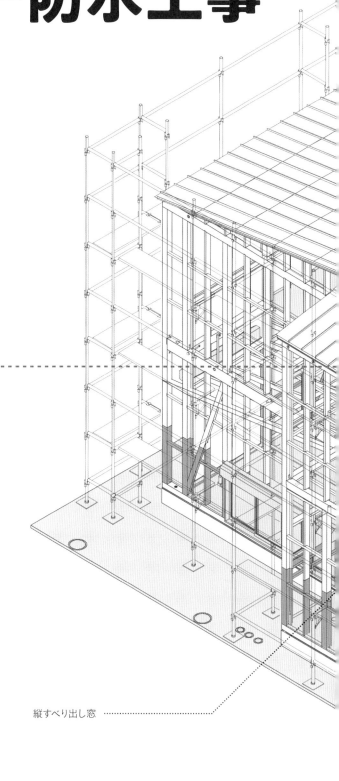

FRP 防水

近年、木造住宅のバルコニー防水で多く使われています。この住宅のようにルーフテラスの下に部屋がある場合は漏水に気をつけます。防水層の耐用年数は10〜15年といわれていますから、点検と定期的な保守が大切です。

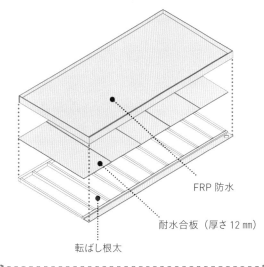

FRP 防水

耐水合板（厚さ 12 mm）

転ばし根太

縦すべり出し窓 …………

面格子付きはめ殺し窓 …………

着工 ●—— 5月12日

7月8日
●—— サッシ取り付け・
バルコニー
防水工事

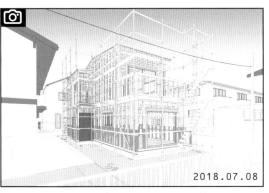

2018.07.08

2階バルコニーの防水工事を行い、サッシを取付けます。

12月20日
●—— 竣工

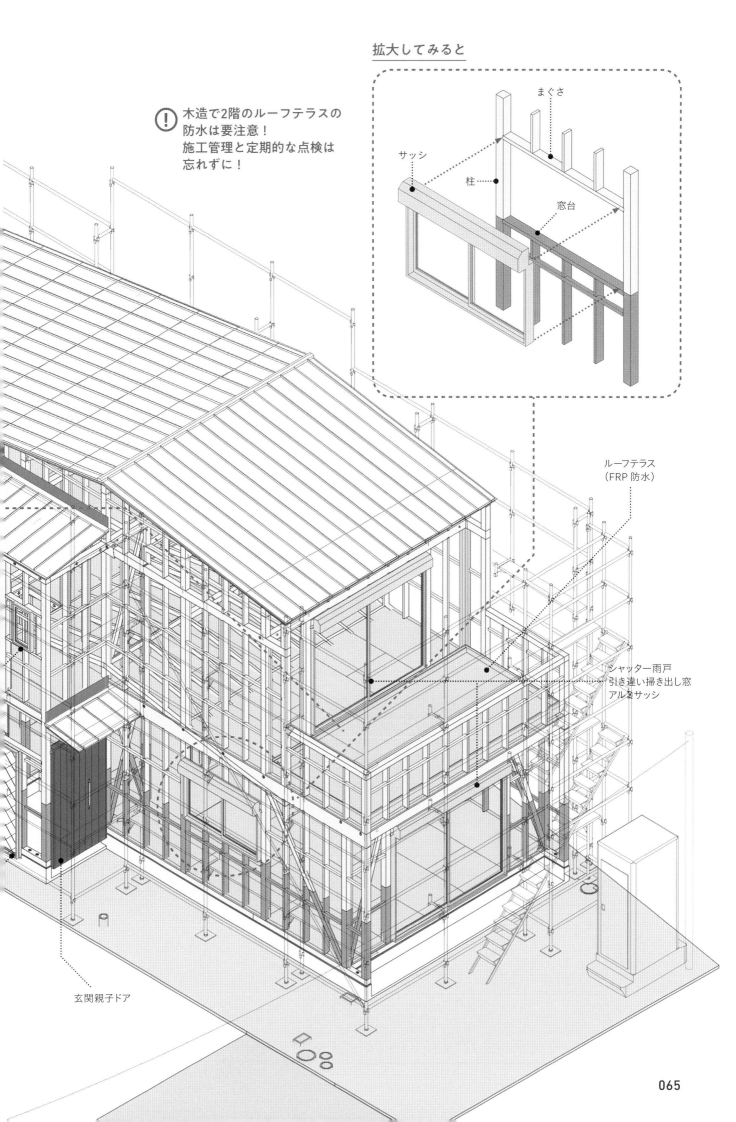

拡大してみると

まぐさ

サッシ

柱

窓台

木造で2階のルーフテラスの
防水は要注意！
施工管理と定期的な点検は
忘れずに！

ルーフテラス
（FRP防水）

シャッター雨戸
引き違い掃き出し窓
アルミサッシ

玄関親子ドア

22 外壁工事① 透湿防水シート張り

外壁の防水層を設置する

外壁の下地として胴縁（モルタル下地合板の受け材）を取付けます。外壁と基礎の間に基礎水切りを取付けます。これにより、外壁を伝わる雨水の水切りを良くして、建物への漏水を防ぎます。外壁の防水層として、透湿防水シートを張ります。サッシ回りは防水テープを使って雨仕舞を良くします。

屋根と外壁の防水が完成したのち、内装工事に取りかかります。

(!) 透湿防水シートは雨仕舞の要！
サッシ回りは防水テープで
漏水をガード！

着工
● 5月12日

● 7月7日
外壁工事
透湿防水シート張り

とうしつぼうすい
透湿防水シート ⋯⋯⋯⋯⋯⋯

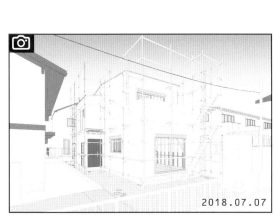

2018.07.07

透湿防水シートを張ると外壁の雨仕舞が出来ます。

● 12月20日
竣工

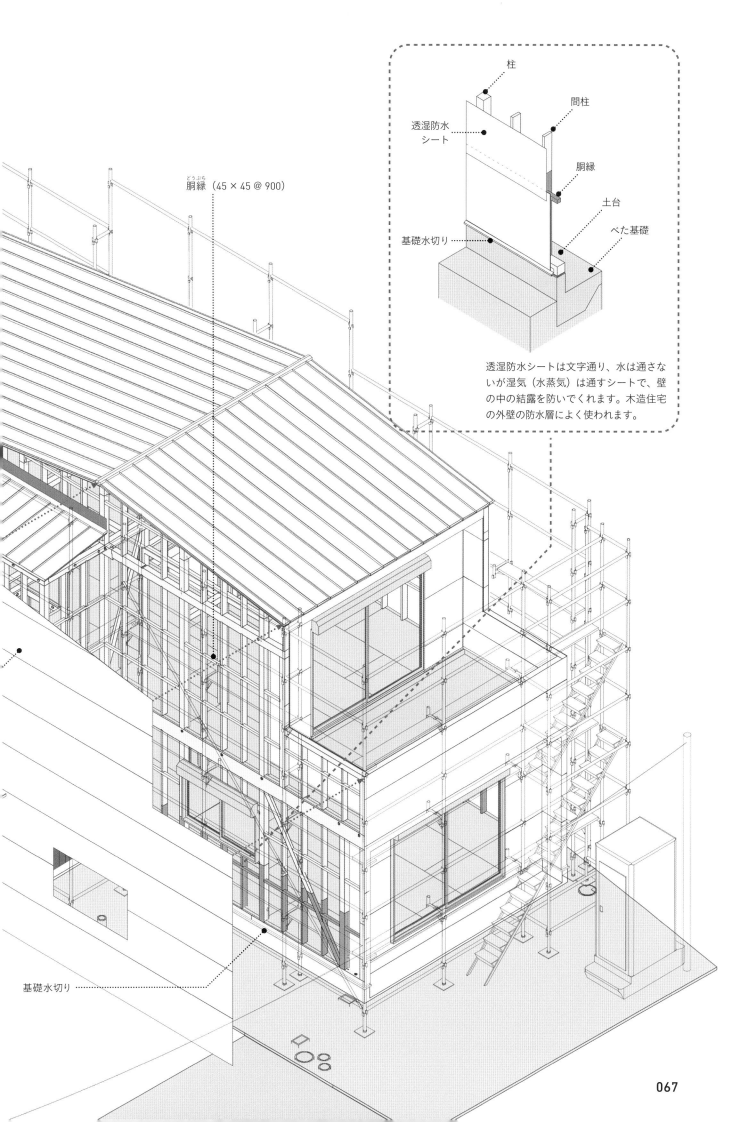

胴縁（45 × 45 @ 900）
どうぶち

柱

間柱

透湿防水
シート

胴縁

土台

べた基礎

基礎水切り

透湿防水シートは文字通り、水は通さないが湿気（水蒸気）は通すシートで、壁の中の結露を防いでくれます。木造住宅の外壁の防水層によく使われます。

基礎水切り

23 外壁工事②
モルタル下地合板張り

柱・梁・間柱・胴縁に固定する

モルタル仕上げの場合、一般的に下地としてラス下地が用いられます（P.76）。この建物では、ラス下地に比べて、工期やコストを抑えられるモルタル下地合板を使いました。モルタル下地合板を透湿防水シートの上から、柱・梁・間柱・胴縁に固定します。モルタル下地合板を筋かいの代わりとして耐力壁に用いる箇所は、所定の釘を用いて指定の間隔で取付けます（P.76）。

POINT

モルタル下地合板

モルタル下地合板は構造用合板をベースにした3層で構成しています。ラス下地の木摺板が構造用合板、防水紙が防水被膜、ラスが特殊セメント層の代わりをします。

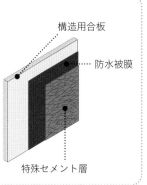

構造用合板
防水被膜
特殊セメント層

着工
● 5月12日

● 7月19日
外壁工事
モルタル下地
合板張り

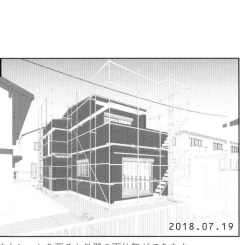
2018.07.19

● 12月20日
竣工

透湿防水シートを張ると外壁の雨仕舞ができます。

モルタル下地合板（厚さ 7.5 mm）

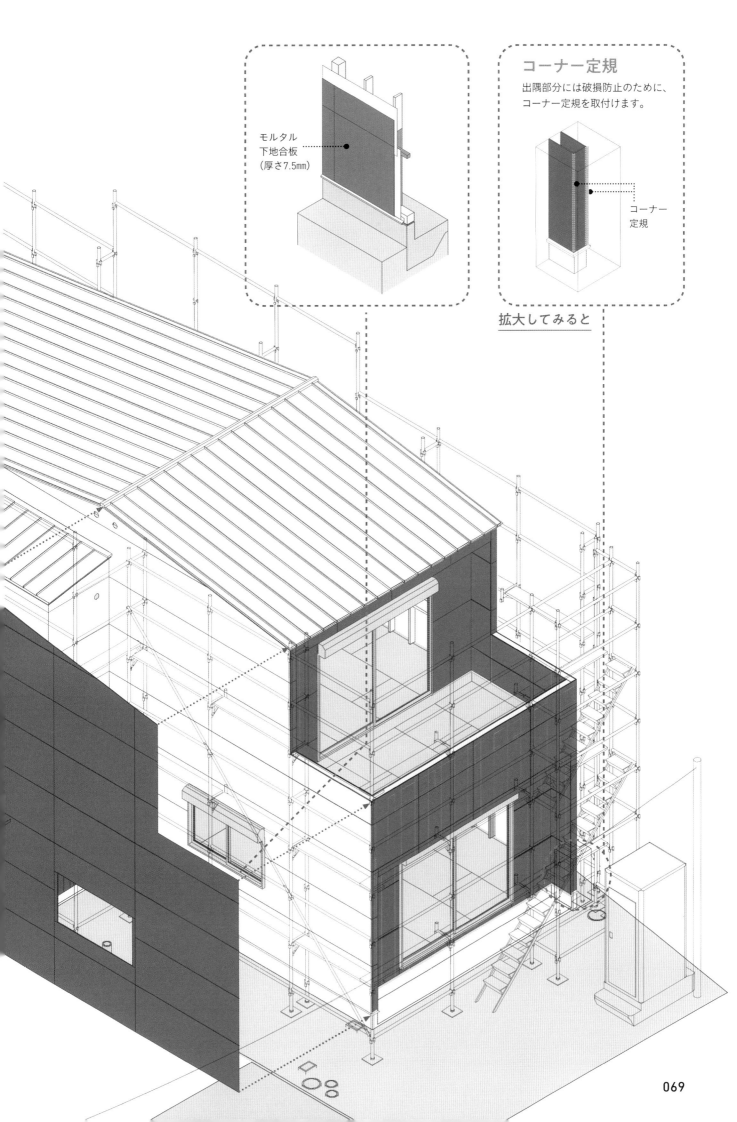

モルタル
下地合板
（厚さ7.5mm）

コーナー定規

出隅部分には破損防止のために、
コーナー定規を取付けます。

コーナー
定規

拡大してみると

モルタル
下地合板
（厚さ7.5mm）

24 外壁工事③ モルタル塗り

湿式工法と左官作業

セメント・軽量骨材・混和剤などを調合したモルタルに、現場で水を加えて練ったものを、鏝でモルタル下地合板に下塗りします。同時にひび割れを防ぐ耐アルカリガラスメッシュを塗り込めてから上塗りをします。モルタルの塗厚は15mmです。モルタル仕上げは現場で水を使うので「湿式工法」といい、塗る作業を「左官」と呼びます。近年はサイディング張り仕上げの「乾式工法」が主流になっています（P.77）。

⊙ モルタルの弱点はひび割れ

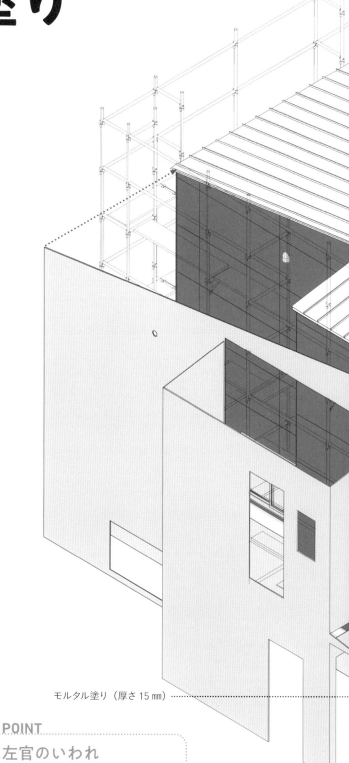

モルタル塗り（厚さ 15 mm）

着工 ●─ 5月12日

POINT

外壁の防火性能

外壁の性能として、防水性（雨仕舞）と防火性が重要です。この住宅が建てられた地域では、隣地境界線から1階で3m以内、2階では5m以内の部分を「延焼のおそれのある部分」といい、その範囲の外壁には所定の防火性能が要求されます。この建物の外壁は所定の防火性能を有しています。

9月14日
外壁工事
モルタル塗り

2018.09.14

モルタル下地合板の上にモルタルを塗ります。

12月20日
竣工

POINT

左官のいわれ

左官のいわれには諸説あります。
宮廷の工事に入場するために位が必要だったので「左官」という官職を付けた説が良く聞かれますが、奈良時代の宮殿の建築に携わる組織「木工寮」の階級で、壁塗り職人が「属」（そうかん）と呼ばれ、「さかん」に変化した説が有力と考えられています。

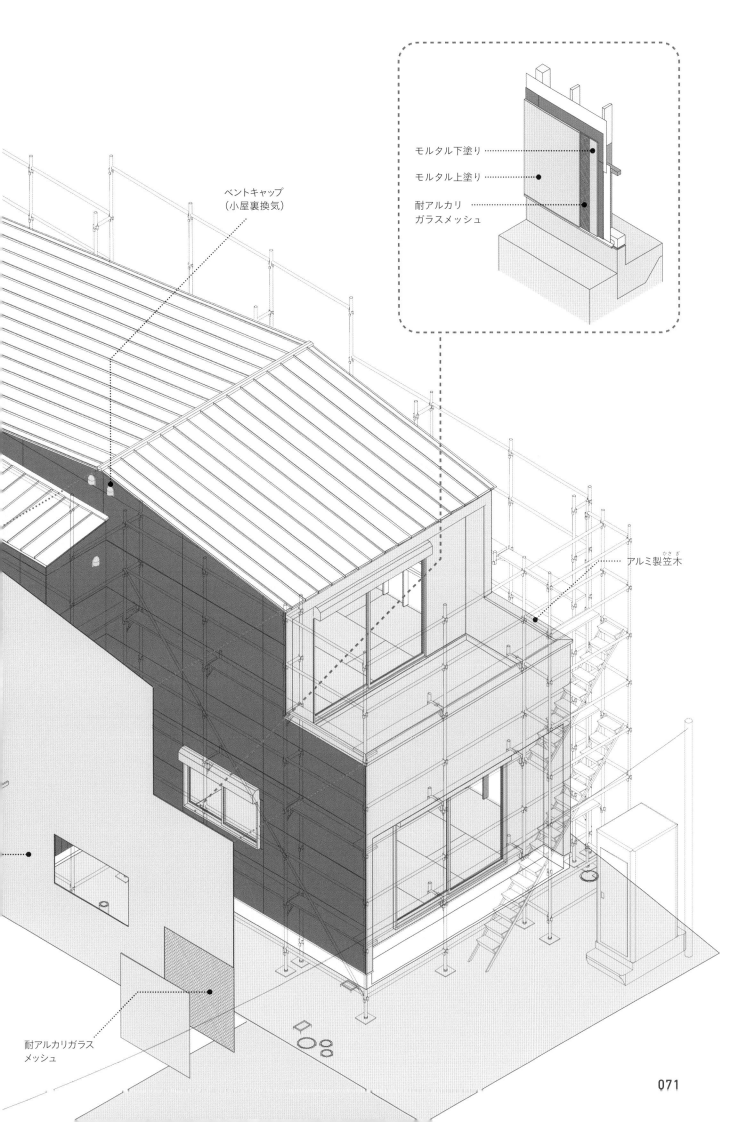

モルタル下塗り

モルタル上塗り

耐アルカリ
ガラスメッシュ

ベントキャップ
（小屋裏換気）

アルミ製笠木

耐アルカリガラス
メッシュ

25 | 外壁工事④
吹付け塗装

塗装で防水仕上げを施す

モ ルタル自体に防水性能はありませんので、塗装やタイル張りなどで仕上げをします。この住宅は弾性リシン吹付け塗装で仕上げています。モルタル下地にリシン塗装は多く使われ、セメント系とアクリル系があります。現在はアクリル系が主流ですが、塗装はクラックへの追従性の高いアクリル系の弾性リシンを使っています。塗装の作業はモルタルの硬化を確認後、隣家に飛散をしないように行います。

⚠ 塗装材はモルタルのひび割れに
対応できることが重要！

着工
● 5月12日

POINT

**日本塗装工業会の
塗料用標準色見本帳**

約600色の標準色から色票番号で塗料を指定します。国内の塗料メーカー、塗料販売店、塗装店に希望の色を発注することができます。見本帳は隔年で発行されています。

● 10月10日
外壁工事
吹付け塗装

2018.10.10

外壁の塗装工事で外装工事が完了です。

● 12月20日
竣工

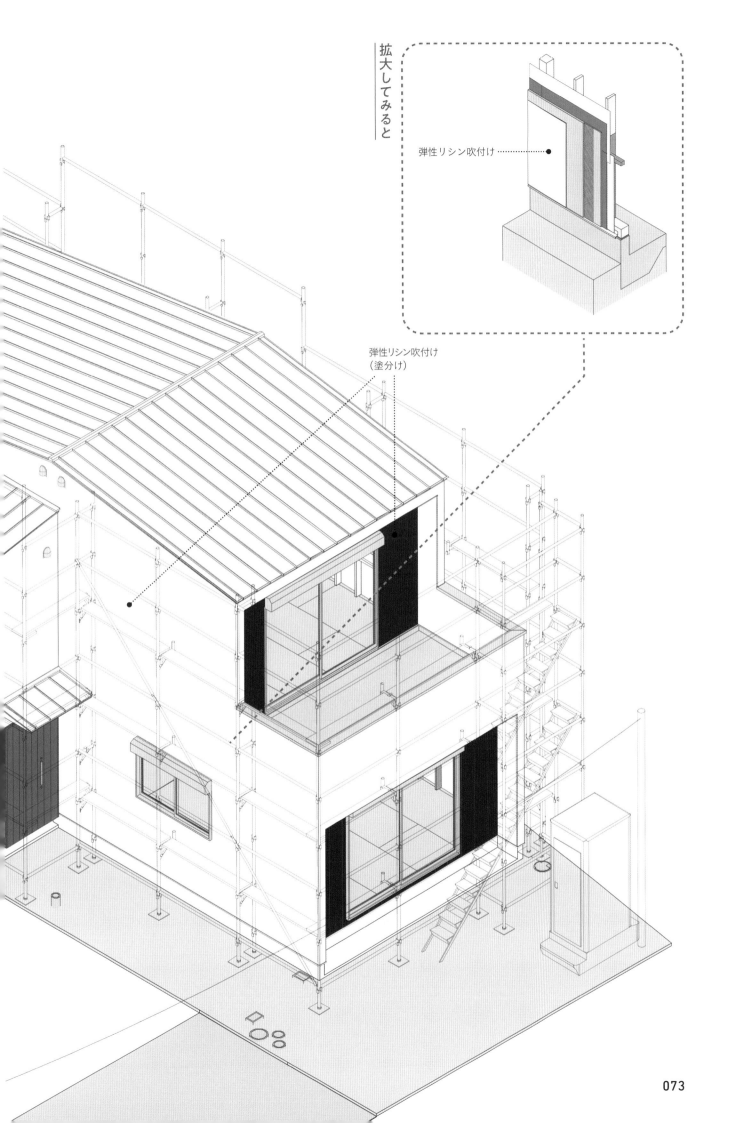

拡大してみると

弾性リシン吹付け

弾性リシン吹付け
（塗分け）

COLUMN
知って
おきたい | # 外部建具
種類や開閉方式

外 壁に採光、換気や人の出入りができる開口部を設ける際の、窓や扉を外部建具と呼びます。この住宅の外部建具はアルミ製で、建材メーカーの規格製品を使用しています。窓には様々な開閉方式があります。

POINT

外部建具の開閉方式

| 引違い窓 | 片引き窓 | 両開き窓 | 片開き窓 | 縦滑り出し窓 |

| 上げ下げ窓 | ルーバー窓 | はめ殺し窓 | 上吊り回転窓 | 横滑り出し窓 |

⚠ サッシの開閉方式は
部屋の用途を考えて決める。

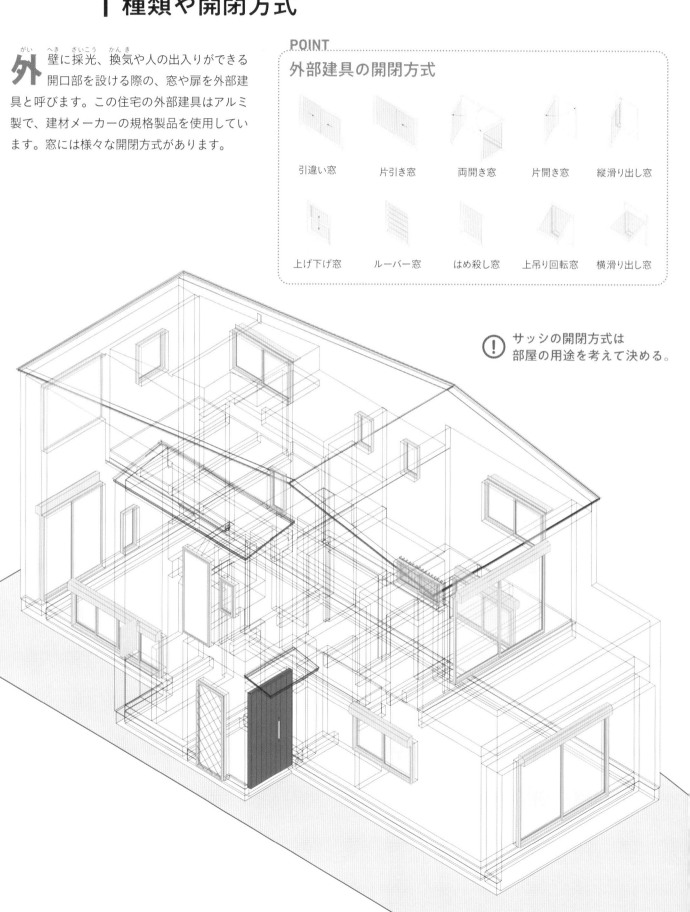

　　　　この住宅では、一般的な引違い窓やトイレなどの換気のための小窓に、滑り出し窓を使いました。サッシのガラスは断熱性が高い複層ガラス（ペアガラス）を使用しています。1階部分の引違い窓には防犯を考えて、雨戸シャッターや面格子を設けました。近年、雨戸は引き戸ではなくスペース効率が良いシャッター雨戸が使われることが多いです。アトリエ吹抜けの引違い窓・はめ殺し窓には室内側から「すりガラス調シート」を張りました。滑り出し窓は室内から外側のガラスを清掃することができ、滑り出す方向の違いで縦と横があります。開閉しない窓をはめ殺し窓と呼びます。

この住宅で使用した外部建具

シャッター雨戸付き引違い窓

すりガラス調シート

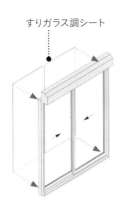
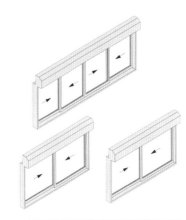

引違い窓

アルミ
霧よけ庇

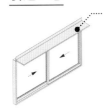

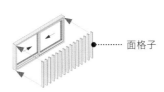

面格子

はめ殺し窓

すりガラス調シート　　すりガラス調シート　　すりガラス調シート

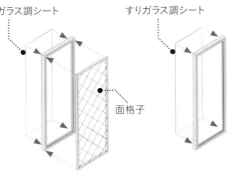

面格子

玄関戸（親子開き戸）

横滑り出し窓

縦滑り出し窓

外壁仕上げと通気構法
外壁のつくりを徹底解剖

モルタルはセメント・砂・水・混和剤を混ぜてつくります。水を使用するので湿式工法と呼びます。モルタル塗りは自由な形状に対応でき、好みの吹付けで仕上げることができるので、かつては住宅に多く使われました。モルタル塗りの下地には、木摺板・ラス下地❸が良く用いられますが、この住宅ではモルタル下地合板❹を使いました。モルタル下地合板は、ラス下地の木摺板に比べて壁倍率は5倍あり、強度が大きくなります。❹の耐アルカリガラスメッシュや、❸のラス（金網）はモルタルのひび割れや剥落を防ぐためのものです。モルタル仕上げ❹でも、次頁で解説している通気構法があります。これは❹の透湿防水シートとモルタル下地合板の間にたて胴縁を取付けて、通気層を設けるものです。

モルタル仕上げ

❹ モルタル下地合板

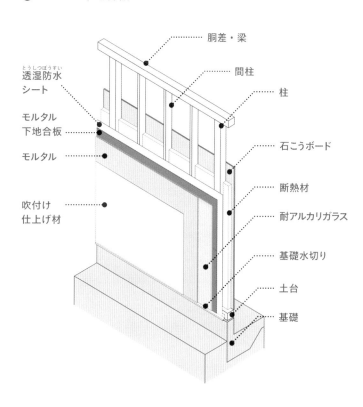

❸ 木摺板・ラス下地

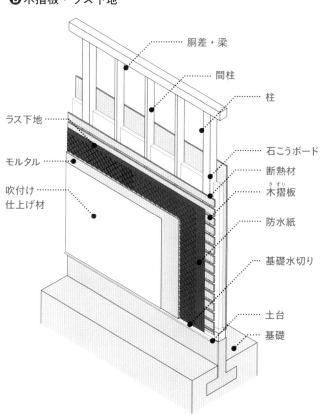

POINT

壁倍率

壁倍率は柱と梁に囲まれた部分に筋かいを入れたり、合板や木摺板を張って、壁の強度を増します。耐力性能を「壁倍率」と呼び、木摺板は0.5、片筋かい（45×90mm）は2.0、使用したモルタル下地合板は2.5で、木摺板下地に比べ5倍です。数値が大きいほど強度も大きくなります。

壁倍率 0.5

木摺板片面

壁倍率 2.0

筋かい（45×90）

壁倍率 2.5

構造用合板（厚さ 7.5 mm）

近年はモルタル塗仕上げに代わり、水を使用しないサイディング壁仕上げが用いられることが多く、湿式に対して乾式工法（かんしき）と呼びます。サイディングは本来下見板など木の板を張りましたが、耐火性が乏しいので、セメント板をベースに繊維で補強した❹窯業系サイディングやこの住宅で屋根の仕上材に使用したガルバリウム鋼板などの❺金属系サイディングが用いられます。サイディング壁仕上げでは「通気構法」を合わせて設けるとが多いです。これは、サイディングの内側に通気層を設けて、壁内の湿気を排出するもので、壁内の結露を防ぎます。胴縁は内外装のボードなどを取付ける下地です。サイディングを横張りにする場合は胴縁を縦方向に取り付け「たて胴縁」と呼びます。

窯業系サイディング仕上げ（ようぎょう）

❹窯業系サイディング（横張り）

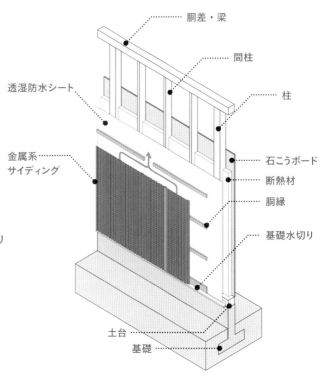

胴差・梁
間柱
柱
石こうボード
透湿防水シート
窯業系サイディング
断熱材
縦胴縁
基礎水切り
土台
基礎

❺金属系サイディング仕上げ（縦張り）

胴差・梁
間柱
透湿防水シート
柱
石こうボード
金属系サイディング
断熱材
胴縁
基礎水切り
土台
基礎

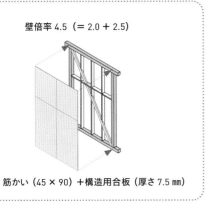

壁倍率 4.5（＝ 2.0 ＋ 2.5）

筋かい（45 × 90）＋構造用合板（厚さ 7.5 ㎜）

通気構法

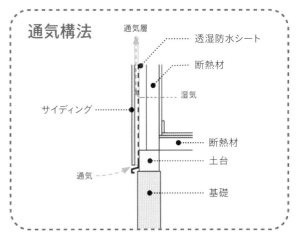

通気層
透湿防水シート
断熱材
サイディング
湿気
断熱材
土台
通気
基礎

3章

内装工事
外構工事

3章では、1階のリビングダイニングとアトリエについて、内装工事のプロセスを解説します。内装工事は、屋根葺き工事・外壁のサッシ取付け・防水工事が終わり、雨仕舞ができてから外装工事と並行して進みます。

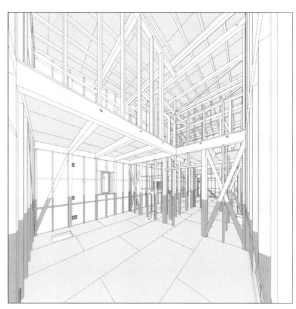

アトリエ

リビングダイニング

26 | 電気配線工事
電気工事とコンセント・スイッチ取付け

外 壁の下地として、透湿防水シートを張り、屋根葺き、外部建具（サッシ）取付も終えて雨仕舞が完了しました。これ以後、外壁の工事と内装工事が同時に進行します。

電灯線などの配線工事とともに、コンセント・スイッチボックスなどを所定の位置に取付けます。

アトリエ

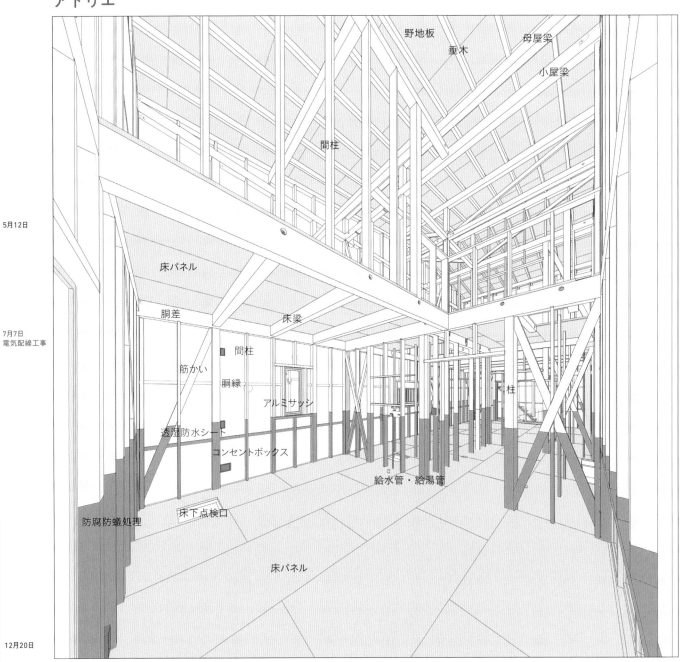

野地板
垂木
母屋梁
小屋梁
間柱
床パネル
胴差
床梁
間柱
筋かい
胴縁
アルミサッシ
柱
透湿防水シート
コンセントボックス
給水管・給湯管
防腐防蟻処理
床下点検口
床パネル

リビングダイニングルームのコーナー部分を拡大してみると

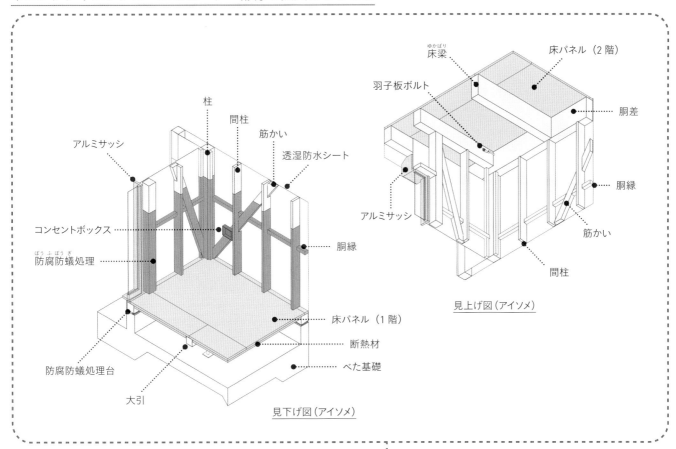

見下げ図（アイソメ）

- 柱
- 間柱
- 筋かい
- 透湿防水シート
- アルミサッシ
- コンセントボックス
- 防腐防蟻処理
- 胴縁
- 床パネル（1階）
- 断熱材
- 防腐防蟻処理台
- べた基礎
- 大引

見上げ図（アイソメ）

- 床梁（ゆかばり）
- 床パネル（2階）
- 羽子板ボルト
- 胴差
- アルミサッシ
- 胴縁
- 筋かい
- 間柱

リビングダイニング

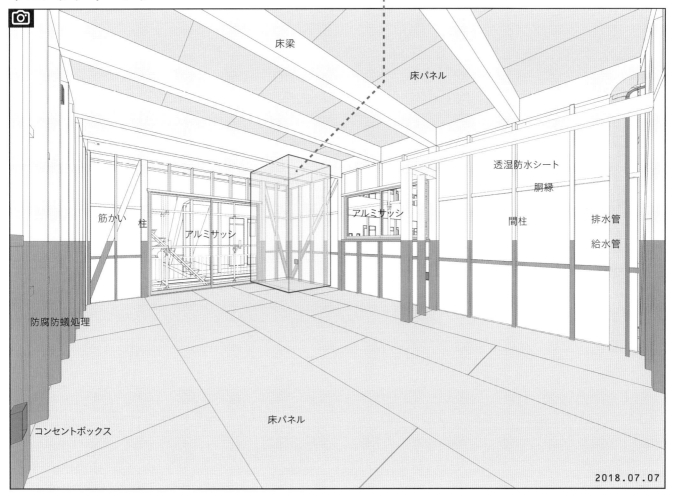

- 床梁
- 床パネル
- 透湿防水シート
- 胴縁
- 筋かい
- 柱
- アルミサッシ
- アルミサッシ
- 間柱
- 排水管
- 給水管
- 防腐防蟻処理
- コンセントボックス
- 床パネル

2018.07.07

27 | 壁断熱材取付け

充填断熱工法

壁にロックウール断熱材を隙間なく取付けます。断熱材の材質は、大別すると「繊維系断熱材」・「発泡プラスチック系断熱材」・「天然素材系断熱材」の3種類があります。この住宅では、壁と天井（屋根面の直下部分）に繊維系断熱材のロックウールを、1階の床下に発泡プラスチック系の断熱材を使用した充填断熱工法を採用しました。

繊維系断熱材でグラスウールもよく用いられますが、グラスウールは水に弱く、繊維に湿気が入り込むと断熱効果が減ってしまいます。ロックウールは水に強いというメリットがあります。

アトリエ

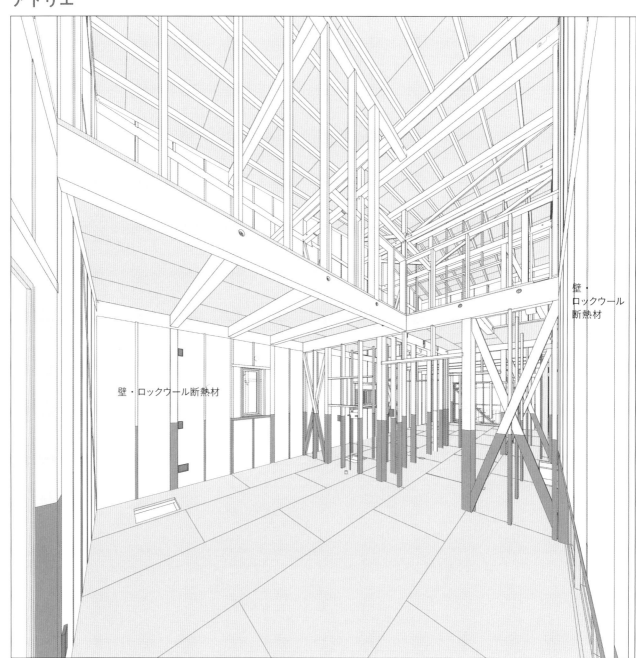

壁・ロックウール断熱材

壁・ロックウール断熱材

着工　5月12日

7月10日
壁断熱材
取付け

12月20日
竣工

リビングダイニングルームの
コーナー部分を拡大してみると

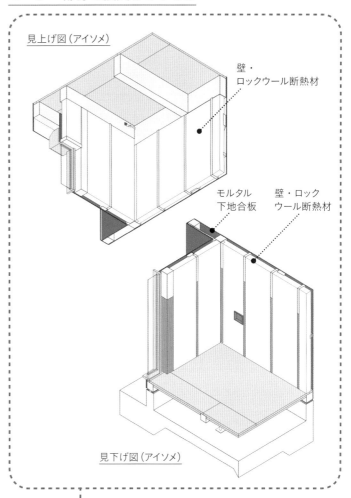

見上げ図（アイソメ）

壁・
ロックウール断熱材

モルタル
下地合板

壁・ロック
ウール断熱材

見下げ図（アイソメ）

POINT

充填断熱と外張り断熱

軸組間（柱と土台・梁で囲まれた部分）に断熱材を取付ける
断熱工法を「充填断熱」といいます。軸組の外側に断熱材を
取付けるものを「外張り断熱」といい、充填断熱に比べて断
熱性が優れています。

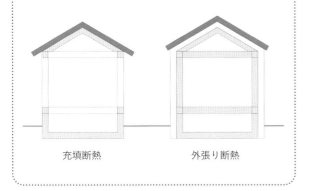

充填断熱　　　　　　外張り断熱

リビングダイニング

壁・ロックウール断熱材

壁・ロックウール断熱材

2018.07.10

28 | フローリング張り

床の仕上げ

床 パネル（構造用合板）の上にフローリングを張ります。フローリングは、合板などの上に薄板を張った複合フローリングを使いました。2階の主寝室、子供室、ホールなども同じフローリング張りです。工事中にフローリングを破損しないように、この後、養生シートを全面に張ります。

アトリエ

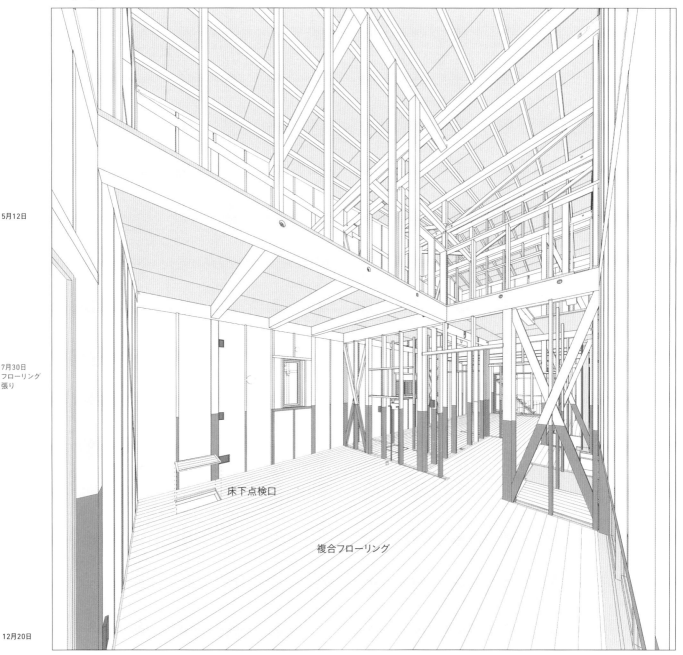

床下点検口

複合フローリング

着工
● 5月12日

7月30日
フローリング
張り

12月20日
竣工

POINT

フローリング

フローリングには、100％自然木を使った無垢（むく）フローリングと合板などの基材の表面に天然材やシートを張り合わせた複合フローリングがあります。無垢フローリングは木の質感や温もりが感じられますが、木の種類によっては表面に傷がつきやすかったり、乾燥による反りや割れが生じやすい弱点があります。複合フローリングは無垢の弱点やコストを抑えることができますが、経年劣化してしまう弱点があります。

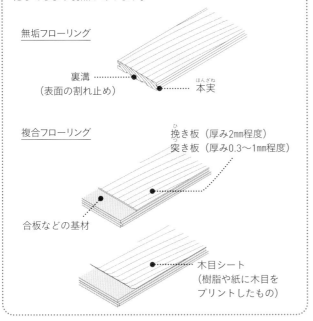

無垢フローリング

裏溝
（表面の割れ止め）

本実（ほんざね）

複合フローリング

挽き板（ひきいた）（厚み2mm程度）
突き板（つきいた）（厚み0.3〜1mm程度）

合板などの基材

木目シート
（樹脂や紙に木目を
プリントしたもの）

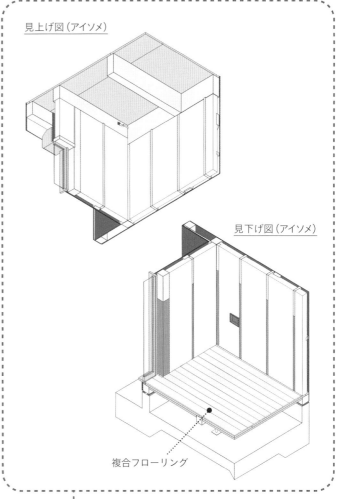

見上げ図（アイソメ）

見下げ図（アイソメ）

複合フローリング

拡大してみると

リビングダイニング

複合フローリング

シナ合板

2018.07.30

29│額縁・補強下地取付け

石こうボードの補強

外部建具のサッシの内側、内部建具の開き戸や引き戸の位置に「額縁」を取付けます。内部建具は、戸と額縁がセットになっている建材メーカーの規格製品を使用しています（P.96）。サッシの内側の額縁も同じメーカーの材料を使用しています。石こうボードには、釘やビスなどの保持力がないので補強が必要になるため、エアコンの室内機・壁付けの照明器具・カーテンレール・ロールブラインドなどの器具を取付ける位置に、あらかじめ補強用の合板を取付けます。階段の手すりなど力が加わるところにも補強材を入れておきます。

アトリエ

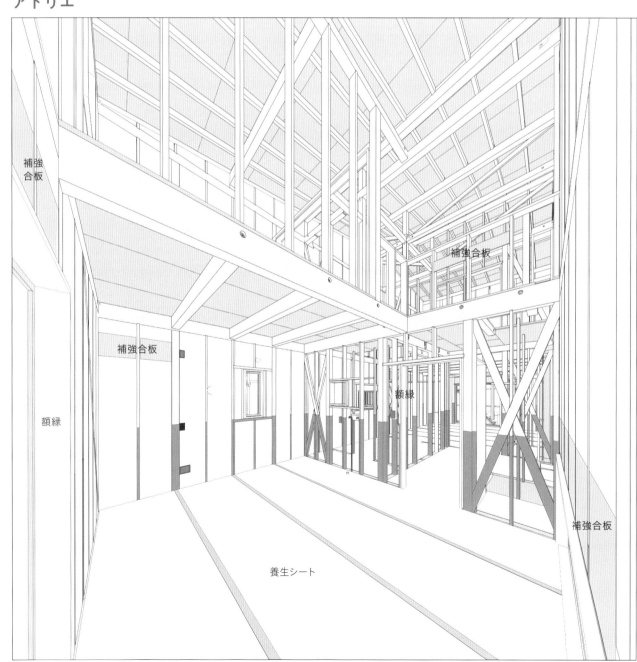

補強合板

補強合板

補強合板

補強合板

額縁

額縁

養生シート

着工
5月12日

8月1日
額縁・補強
下地取付け

12月20日
竣工

リビングダイニングルームのコーナー部分を拡大してみると

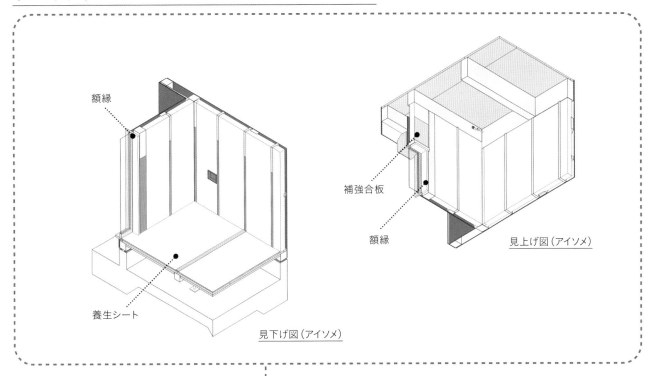

額縁

補強合板

額縁

見上げ図（アイソメ）

養生シート

見下げ図（アイソメ）

① 石膏ボードは保釘力がないので
補強下地が必要

リビングダイニング

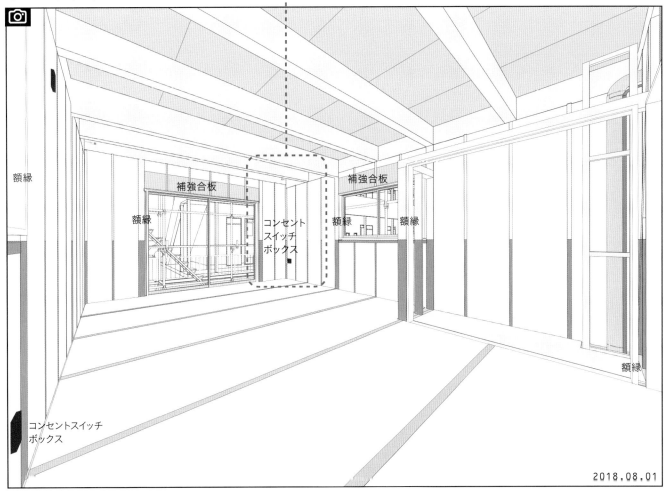

額縁

補強合板

補強合板

額縁

額縁

額縁

コンセント
スイッチ
ボックス

額縁

コンセントスイッチ
ボックス

2018.08.01

30 | 野縁・屋根断熱材取付け

リビング・ダイニングの天井断熱

天井の下地として、野縁と断熱材を取付けます。リビングダイニングは、2階の床パネル（構造用合板）の現しを除いた部分（2階のルーフテラスの直下部分）に天井下地の野縁と断熱材を取付け、天井を設けます。断熱材は、外壁と同じロックウール断熱材です。

アトリエ

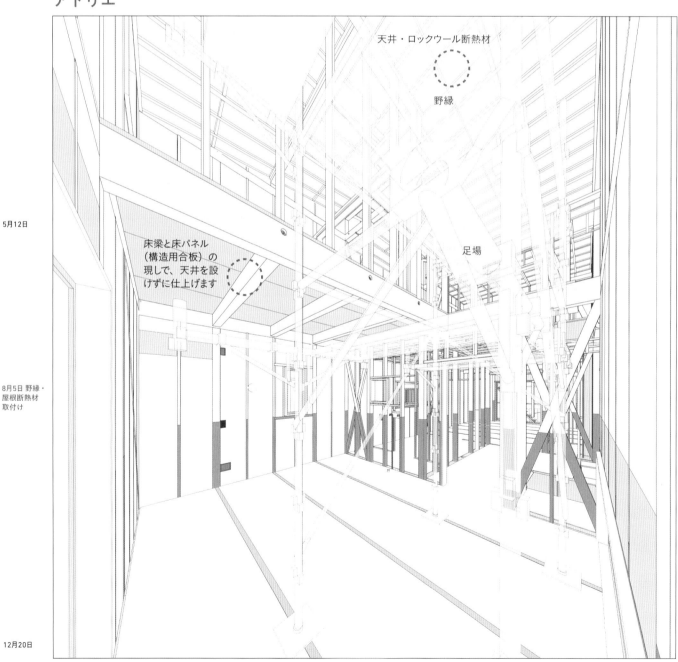

天井・ロックウール断熱材

野縁

足場

床梁と床パネル（構造用合板）の現しで、天井を設けずに仕上げます

着工
5月12日

8月5日 野縁・屋根断熱材取付け

12月20日
竣工

POINT

室内足場

アトリエの吹抜け部分の天井下地の取付け作業のために、仮設の足場を組みます。外部の足場と同じ単管足場です。

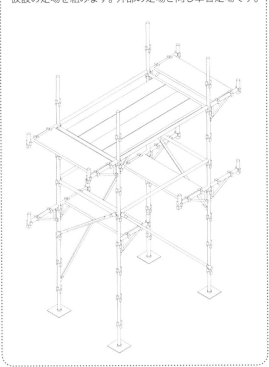

リビングダイニングルームの
コーナー部分を拡大してみると

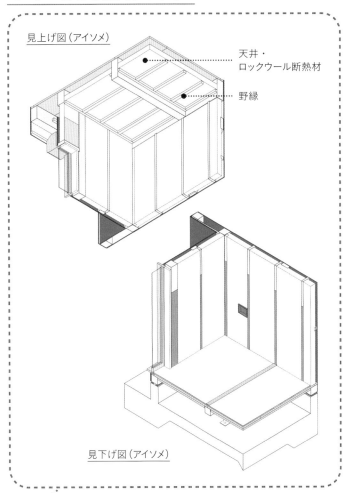

見上げ図（アイソメ）

天井・ロックウール断熱材

野縁

見下げ図（アイソメ）

リビングダイニング

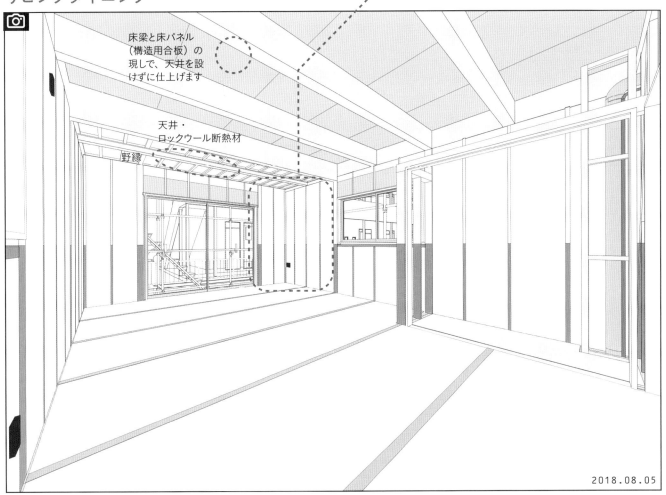

床梁と床パネル（構造用合板）の現しで、天井を設けずに仕上げます

天井・ロックウール断熱材

野縁

2018.08.05

089

31 | 石こうボード張り

下地材のパテ処理

石こうボードを、柱や間柱に釘やビスで留めつけます。壁は厚さ12.5mm、天井は厚み9.5mmのボードを使っています。キッチンなどの水回りの壁下地に石こうボードを使う場合には耐水石こうボードを用います。出隅の部分は角の破損を防ぐためにコーナービード（出隅補強材）を取付けます。ボードの継ぎ目や留め付けの釘・ビス頭部分を平滑な面にするためにパテ処理をします。床と壁が取り合う（ぶつかる）部分に、ボードの上から幅木を取付けます。

アトリエ

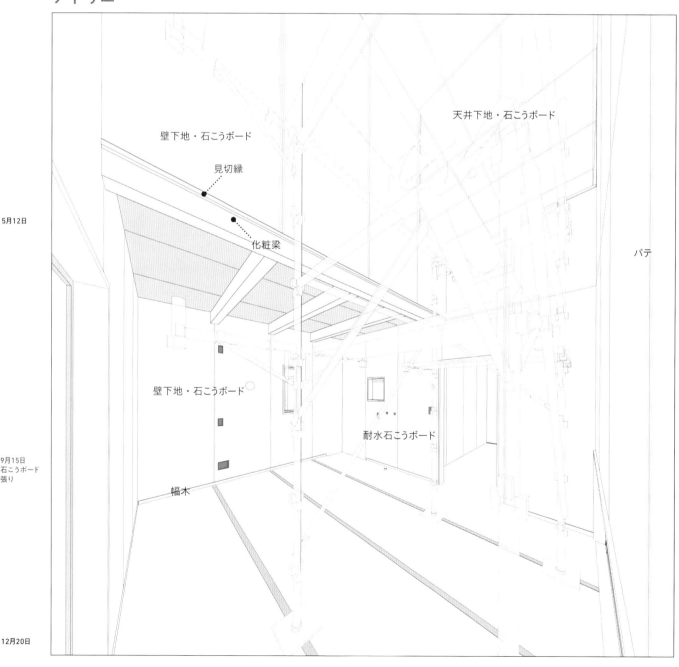

天井下地・石こうボード

壁下地・石こうボード

見切縁

化粧梁

パテ

壁下地・石こうボード

耐水石こうボード

幅木

着工 5月12日

9月15日
石こうボード
張り

12月20日
竣工

リビングダイニングルームのコーナー部分を拡大してみると

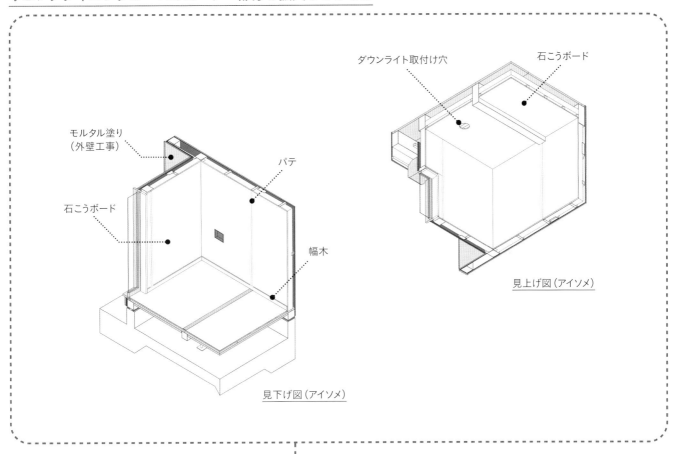

モルタル塗り
（外壁工事）

石こうボード

パテ

幅木

見下げ図（アイソメ）

ダウンライト取付け穴

石こうボード

見上げ図（アイソメ）

クロス張り仕上げは
パテ処理が肝要！

リビングダイニング

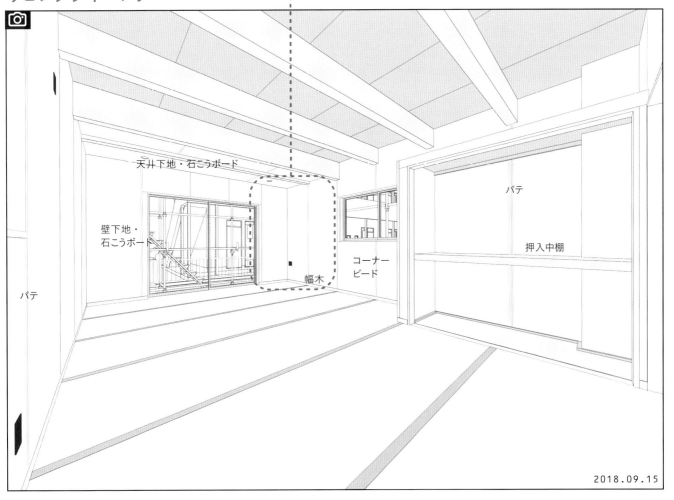

天井下地・石こうボード

壁下地・
石こうボード

パテ

幅木

コーナー
ビード

押入中棚

パテ

2018.09.15

32 | 内壁仕上げ
ない へき

ビニルクロス張り
ば

クロス張りには、布、織物、ビニール。洋紙、和紙などが使われます。この家では、その中でも最もポピュラーで安価なビニルクロスを壁と天井に張りました。色、柄とも同じものを壁と天井に張って一体感を持たせています。ビニルクロスは糊で貼りますが、かつてはカビが生えるのを防止するために、ホルムアルデヒドの含まれていた糊を使っていて、シックハウスの原因となっていました。今はデンプンを主成分とした糊を使用しています。

アトリエ

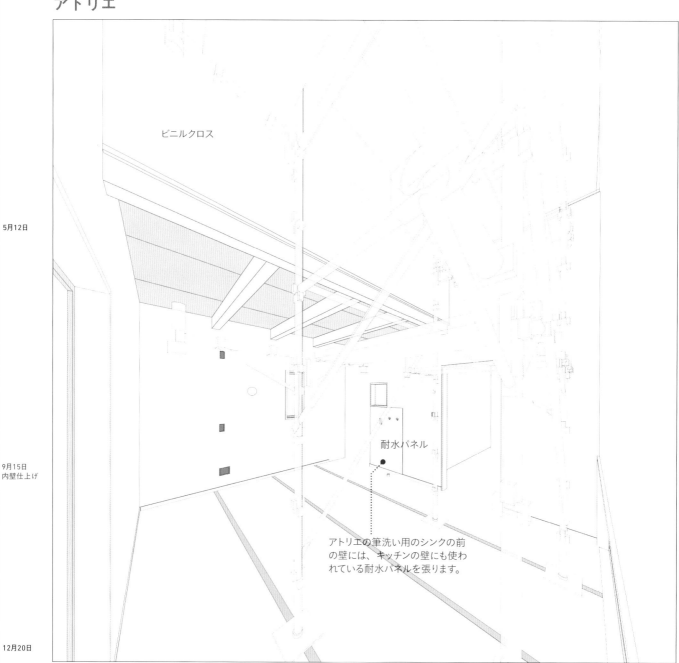

ビニルクロス

耐水パネル

アトリエの筆洗い用のシンクの前の壁には、キッチンの壁にも使われている耐水パネルを張ります。

着工
5月12日

9月15日
内壁仕上げ

12月20日
竣工

リビングダイニングルームのコーナー部分を拡大してみると

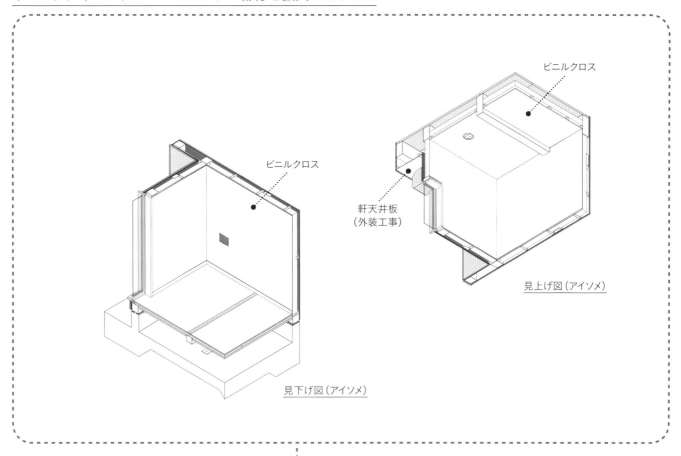

ビニルクロス

見上げ図（アイソメ）

ビニルクロス

軒天井板
（外装工事）

見下げ図（アイソメ）

リビングダイニング

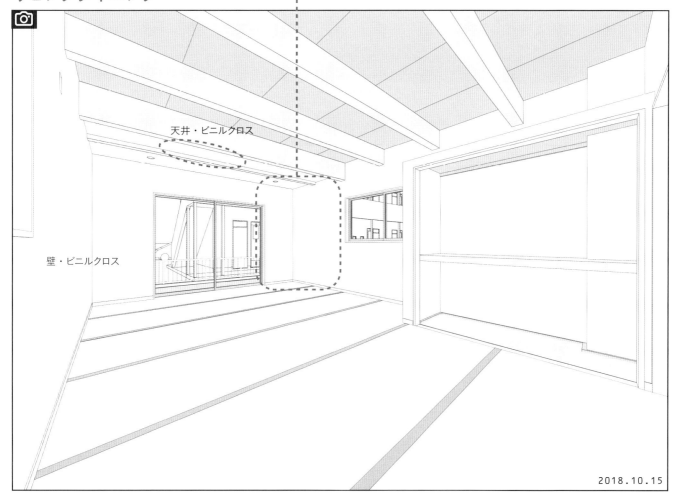

天井・ビニルクロス

壁・ビニルクロス

2018.10.15

COLUMN 知っておきたい | 間仕切り壁の仕上げ
左官仕上げ・タイル張り仕上げ

この住宅では、内装の主要な壁仕上げは石こうボード下地のビニルクロス張りです。洗面所の下地は耐水石こうボード（シージングボード）を使っています。キッチンの調理台とアトリエのシンクの前面の壁仕上げには、耐水性のある化粧パネルを張っています。最近の住宅では、健康志向もあって伝統的な漆喰壁や珪藻土などの土壁の左官仕上げが注目されています。

ここでは、間仕切壁の仕上げとして、左官とタイル張りを取り上げて解説します。漆喰仕上げの大壁と真壁のしくみを見てみましょう。大壁・真壁ともに左官下地に石こうラスボードを張り、下地材（プラスター）で下塗りをして、漆喰で仕上げ塗りをします。左官材は、乾燥収縮によるひび割れ防止の意味で数回に分けて塗り重ねます。

左官仕上げ／大壁

和室の壁で室内に柱が化粧材として見えるのを「真壁」、柱が壁の中に入っているのを「大壁」と呼びます。この住宅はすべて大壁です。

左官仕上げ／真壁

真壁は柱と壁面に段差があります。この段差を「ちり」と呼び、その寸法は3分〜5分（10〜15mm）程度です。また、左官壁は乾燥により収縮します。左官壁と柱に隙間が出ないように、予め柱に「ちりじゃくり」という溝を掘っておきます。

ラスボード
左官壁下地のラスボードは、石こうボードの表面を点状にへこませたもので、漆喰がよく付着します。厚みは7.5・9.5mmです。

大壁

拡大してみると

真壁

ちりじゃくり　　ちり

拡大してみると

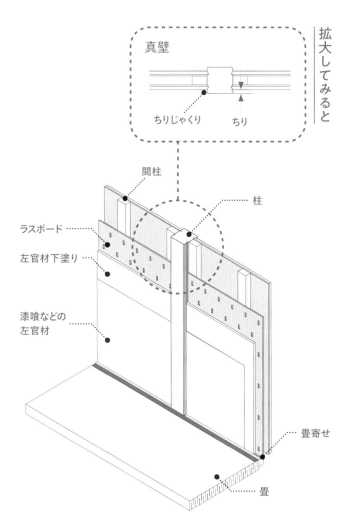

間柱

柱

ラスボード

左官材下塗り

漆喰などの左官材

畳寄せ

畳

間柱

柱

左官材下塗り

漆喰などの左官材

フローリング

幅木

左官仕上げ／小舞壁 (こまいかべ)

伝統的な左官壁の下地は、割竹を格子状にして縄で組む「小舞竹」が用いられ「小舞壁」とよびます。

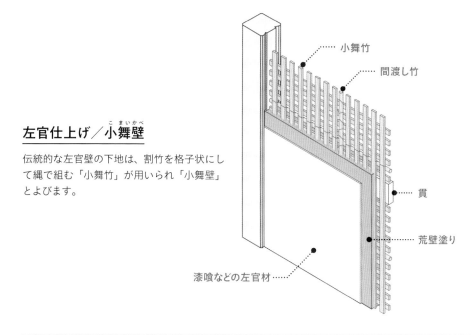

- 小舞竹
- 間渡し竹
- 貫
- 荒壁塗り
- 漆喰などの左官材

タイル張り仕上げ／乾式工法 (かんしき)

タイルは主に台所・洗面所・浴室など水回りの壁に使われます。ユニットバスや大判の耐水性のあるパネルの普及で、目地の清掃など手間がかかるタイル壁は以前より少なくなりました。タイル張りの下地には、モルタルを使う「湿式工法」とタイル下地ボードにタイルを接着材で張る「乾式工法」があります。

タイル下地ボード

乾式工法の下地ボードにフレキシブルボード（繊維強化セメント版）を使います。このボードは耐水性があり、不燃材なので、台所などの火気使用室に適切です。

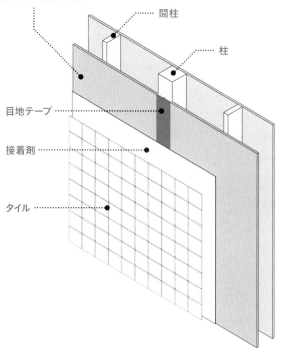

- 間柱
- 柱
- 目地テープ
- 接着剤
- タイル

タイル張り仕上げ／湿式工法 (しっしき)

浴室をタイル張りにする場合は、壁内に水が浸入しないように防水性が求められますから、外壁とモルタル塗りに準じた構法になります。この住宅の外壁と同様にモルタル下地ボードを張り、モルタルを塗ってタイルを張る工法もありますが、ここでは木摺板＋防水シート＋ラスモルタルを下地にタイルを張る工法を示します。

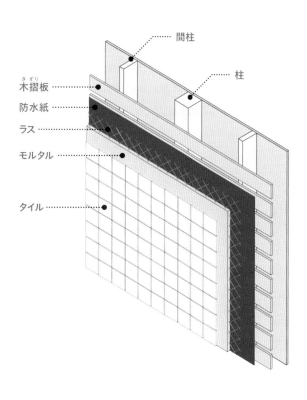

- 間柱
- 柱
- 木摺板 (きずり)
- 防水紙
- ラス
- モルタル
- タイル

33 │ 器具取付け・建具吊り込み

建具(たてぐ)・カーテンレール・照明器具などの取付け

足場や床の養生シートを撤去して、開き戸・引き戸の建具やカーテンレールを取付けます。照明器具・コンセントプレート・換気扇グリル・エアコン室内機などの器具を取付けます。天井付けの照明器具の配線は、天井のフトコロ（天井と2階床の間）を利用しますが、床梁、床パネル現し部分は配線のスペースがとれません。ここでは、露出配線を避けるために床梁と同材のベイマツで配線カバーをつくり、照明器具を取付けました。配線カバーは工務店の現場担当者からの提案です。アトリエではシンクと水栓、ピクチャーレール、ロールブラインド、家具工事で製作した収納家具を取付けました。

アトリエ

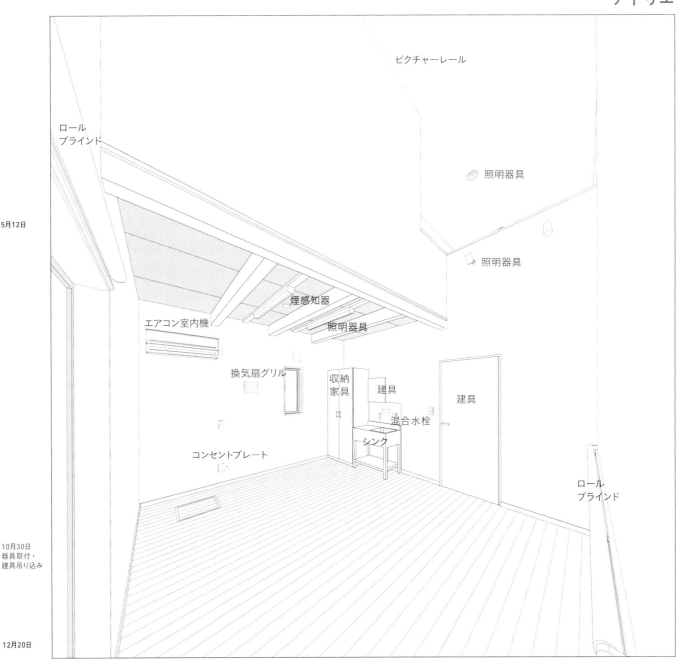

ピクチャーレール
ロールブラインド
照明器具
照明器具
煙感知器
エアコン室内機
照明器具
換気扇グリル
収納家具
建具
建具
混合水栓
シンク
コンセントプレート
ロールブラインド

着工
● 5月12日

● 10月30日
器具取付・
建具吊り込み

● 12月20日
竣工

096

POINT

住宅用火災警報機

消防法で義務づけられている住宅用火災警報機(か さいけいほう き)を取付けます。1階のリビングダイニングとアトリエの天井に煙式警報機、キッチンの天井に熱式警報機を、2階の主寝室、子供室、階段室の天井に煙式警報機を取付けます。

熱式警報機　　　　煙式警報機

拡大してみると

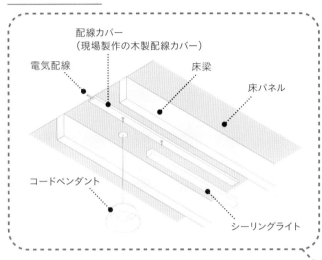

配線カバー
（現場製作の木製配線カバー）
電気配線
床梁
床パネル
コードペンダント
シーリングライト

見上げ図（アイソメ）
ダウンライト
カーテンレール

見下げ図（アイソメ）
コンセントプレート
カウンター

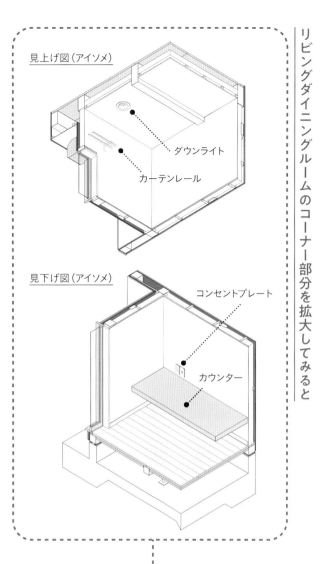

リビングダイニング

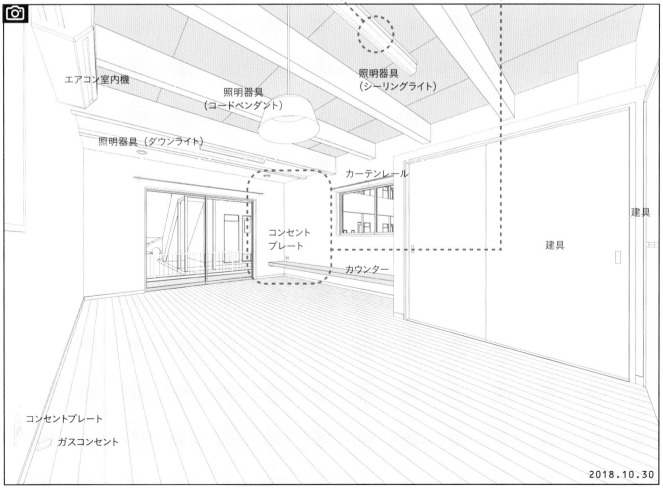

エアコン室内機
照明器具
（コードペンダント）
照明器具
（シーリングライト）
照明器具（ダウンライト）
カーテンレール
コンセント
プレート
建具
カウンター
建具
コンセントプレート
ガスコンセント

2018.10.30

COLUMN
知って
おきたい

内部建具
種類や開閉方式

間
（ま）
（じきりかべ）
（かいこうぶ）

仕切壁などの開口部に設ける引き戸や
開き戸を内部建具と呼びます。大工が
額縁（枠）を製作して、建具職人が建具を製
作するのが一般的でした。この住宅に和室は
ありませんが、額縁にあたる鴨居や敷居を大
工が、障子や襖を建具職人が製作します。近
年は、戸と額縁がセットになっている建材メー
カーの規格製品が普及しています。

（がくぶち）（かもい）（しきい）（しょうじ）（ふすま）

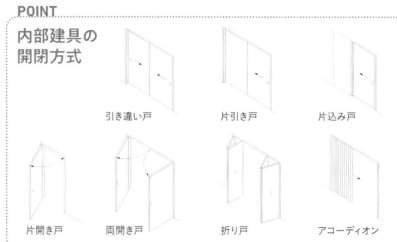

POINT

内部建具の開閉方式

引き違い戸	片引き戸	片込み戸
片開き戸	両開き戸	折り戸
		アコーディオン

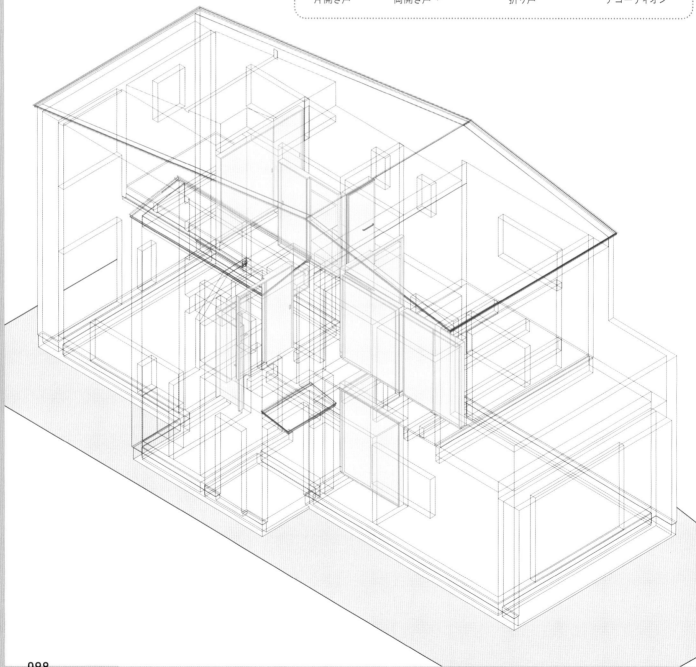

の住宅では1階パントリーの小窓を除いて規格製品を使用しています。フローリングなどの造作材（P.100）と同じ建材メーカーの商品を使用して、インテリアの統一感にもたせました。

1階の部屋の出入り口は開き戸、2階はすべて引き戸を使っています。引き戸は開け放したときに、開き戸に比べて戸が邪魔になりません。引き戸を開放することで2階が一体に連続し、空間を有効に使えます。

POINT

この住宅で使用した内部建具

片開き戸（かたひらきど）

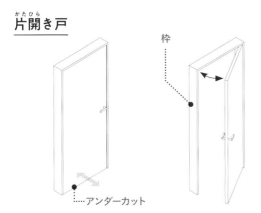

枠

アンダーカット

1階／リビングダイニング・アトリエ

1階／トイレ

（枠は大工工事、扉は
建具工事で制作）

1階／パントリー

引違い戸（ひきちがいど）

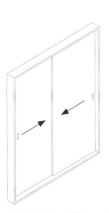

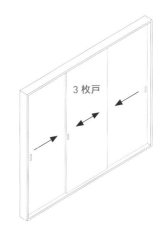

3枚戸

1階／リビングダイニング

2階／主寝室

2階／子供部屋

片引き戸（かたひきど）

2階／主寝室

2階／洗面室

2階／トイレ

折り戸（おりど）

樹脂製枠

2階／浴室（ユニットバス）

COLUMN
知って
おきたい

造作材
床・壁・天井・階段・棚・幅木・建具枠など

造作材とは、床・壁・天井・階段・棚・幅木・建具枠など内装材の仕上げや下地材のことです。和室の敷居・鴨居・長押・床なども造作材です。造作材を取付けるのを造作工事（内装工事）と呼びます。

この住宅のフローリング・幅木・建具枠（戸と枠セット）・階段・玄関収納・手すりの笠木・カウンターなどは、建材メーカーの規格製品を使用して、色や柄を揃えインテリアに統一感を持たせました。

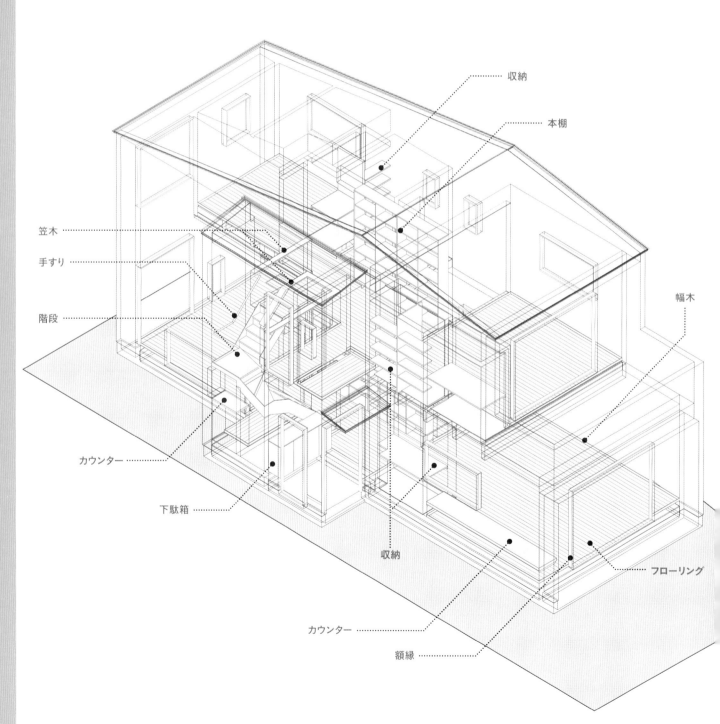

収納

本棚

笠木

手すり

階段

幅木

カウンター

下駄箱

収納

フローリング

カウンター

額縁

階段の手すりは取付け位置の壁に予め補強下地（合板など）を入れておきます。リビングダイニング、主寝室、子供室の収納内には棚やハンガーパイプを設け、棚の一部は高さを変えられる可動棚にしました。棚やハンガーパイプの位置は住まい手と相談して決めました。

1階の玄関ホールと2階のホールには本棚を造作しました。本棚の材質はホームセンターでも購入できるシナランバーコアを使い、家具工事ではなく大工の造作工事で製作して工事費を抑えました。本棚を取付後に住まい手によるDIYで塗装を行いました。

POINT

この住宅で使用した造作材

階段

- 額縁
- 笠木
- 手すり
- 蹴込板（けこみいた）
- 踏み板（ふ）
- 飾り棚
- カウンター
- 側板

収納／2階主寝室

- ステンレス棚柱
- 可動棚
- 側板
- ハンガーパイプ

収納／2階子供室

- 可動棚
- ステンレス棚柱
- ハンガーパイプ
- 棚板

本棚／1階玄関ホール

- ステンレス棚柱
- 小口テープ
- 枠
- 小口テープ
- 可動棚

本棚／2階ホール

COLUMN
知って
おきたい

24時間換気システム
シックハウス症候群を予防する

住宅の高気密化などが進むに従って、建材等から発生する化学物質などによる室内空気汚染等と、それによる健康影響が指摘され、「シックハウス症候群」と呼ばれています。「シックハウス症候群」を防ぐために、ホルムアルデヒドを含む建材・内装材に使用する面積制限と合わせて、24時間換気システムを設置することが2003年に義務づけされました。この住宅では、面積制限を受けないF☆☆☆☆の建材・内装材を使用しています。（ホルムアルデヒドを発散する建材は、JIS、JAS及び大臣認定によって、発散量の少ない順に等級付けされています。F☆☆☆☆は最高等級で、使用制限は受けません）。

ⓘ 住宅の断熱・気密化は24時間換気が不可欠！

住宅で使われている換気設備

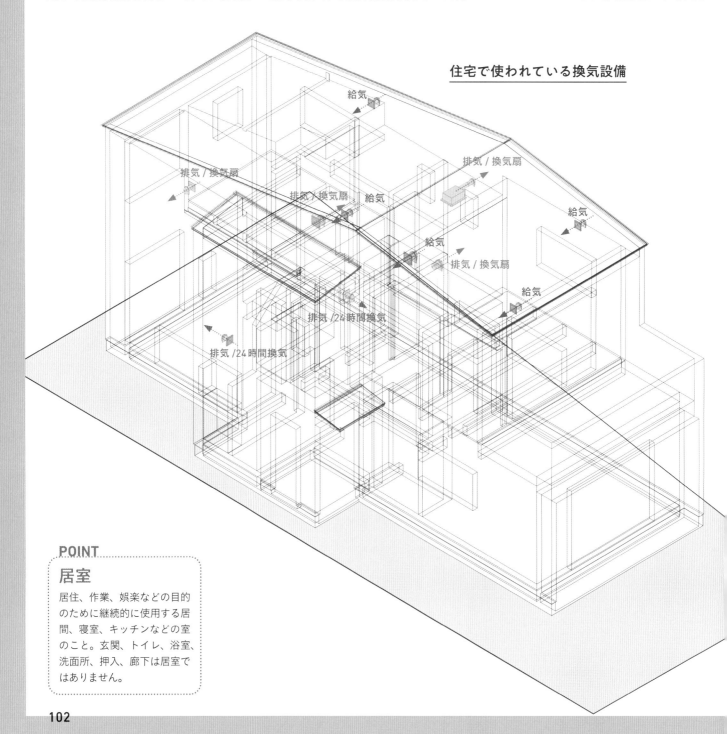

給気
排気 / 換気扇
排気 / 換気扇
排気 / 換気扇
給気
給気
排気 / 換気扇
給気
排気 /24時間換気
排気 /24時間換気

POINT
居室
居住、作業、娯楽などの目的のために継続的に使用する居間、寝室、キッチンなどの室のこと。玄関、トイレ、浴室、洗面所、押入、廊下は居室ではありません。

24時間換気システムは、家の中の空気を自動的に循環させて入れ換える仕組みです。換気システムにはいくつか種類がありますが、この住宅では居室に設けた給気口から外気を取り入れて、1、2階のトイレに設けた24時間稼働の換気扇で排気（第3種換気）しています。換気扇は常時動かしておくのが原則です。住宅の居室には、換気回数0.5回／時間（1時間で居室の半分の空気は入れ換わること）以上の換気設備が求められます。1階ではリビングダイニング、キッチン、アトリエに、2階では主寝室、子供室の居室に給気口を設置して、トイレに設置した24時間換気の換気扇で排気します。

1階のリビングダイニング、アトリエ、トイレの開き戸の下部に1cmのアンダーカットを設けて換気経路をとっています。2階の主寝室、子供室、洗面所、トイレの引き戸は開き戸に比べて隙間が多い建具なので換気経路として有効です。

換気経路

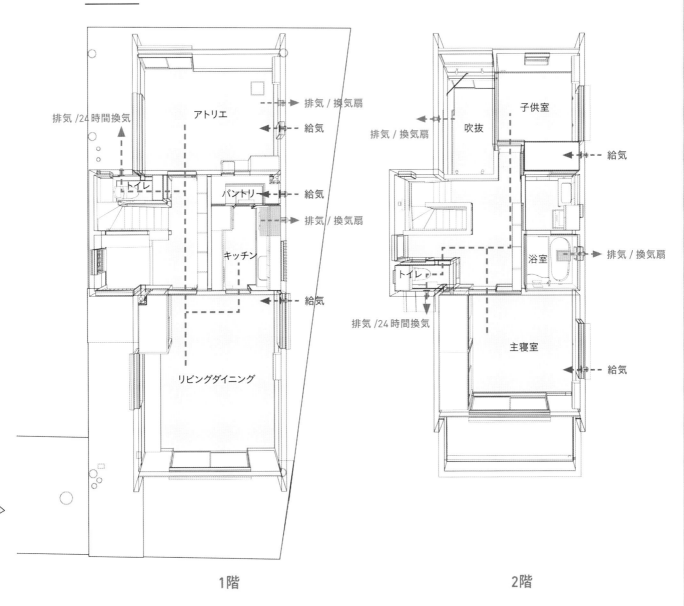

1階　　　　　　　　　　　　　　　　2階

34 | 外構工事
門扉・フェンス・カーポート・植栽など

内 外装工事を終えて、外構工事と設備機器の取付を行います。外構工事とは、門扉、フェンス、カーポート、植栽など建物本体以外の外まわりの工事のことです。この住宅では、建物南側の庭に芝生を張りハナミズキを植え、アトリエの西側の植栽にサツキを植えました。私道から玄関までのアプローチを土間コンクリート仕上げにし

て、既製の郵便ポストを取付けました。また、電力計、ガスメーター、エアコン室外機、テレビアンテナなどの設備機器を取付け、建物のクリーニングをして、建物は竣工となり建築主へ引き渡しの日を迎えます。

引っ越し前に竣工検査を受けて検査済証を取得しておきます。

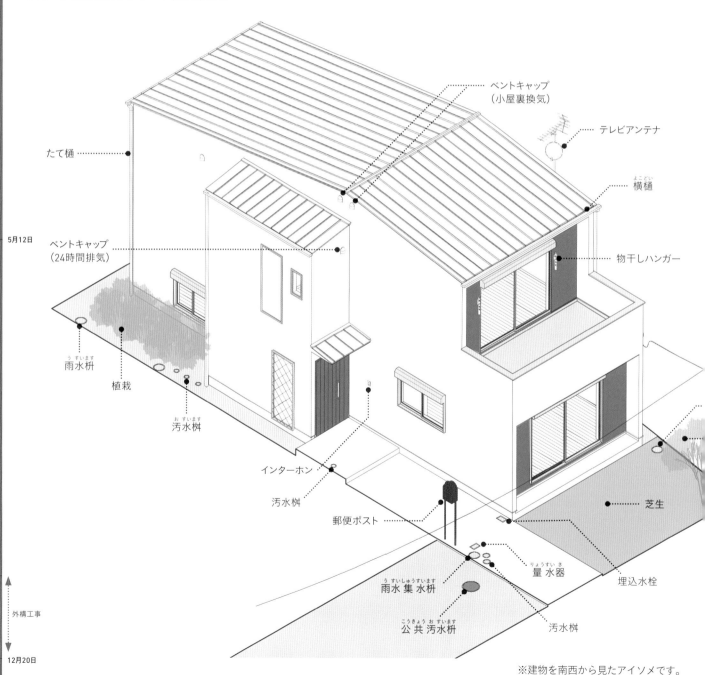

ベントキャップ
（小屋裏換気）

テレビアンテナ

横樋

物干しハンガー

たて樋

ベントキャップ
（24時間排気）

雨水枡

植栽

汚水枡

インターホン

汚水枡

郵便ポスト

雨水集水枡

公共汚水枡

量水器

埋込水栓

汚水枡

芝生

※建物を南西から見たアイソメです。

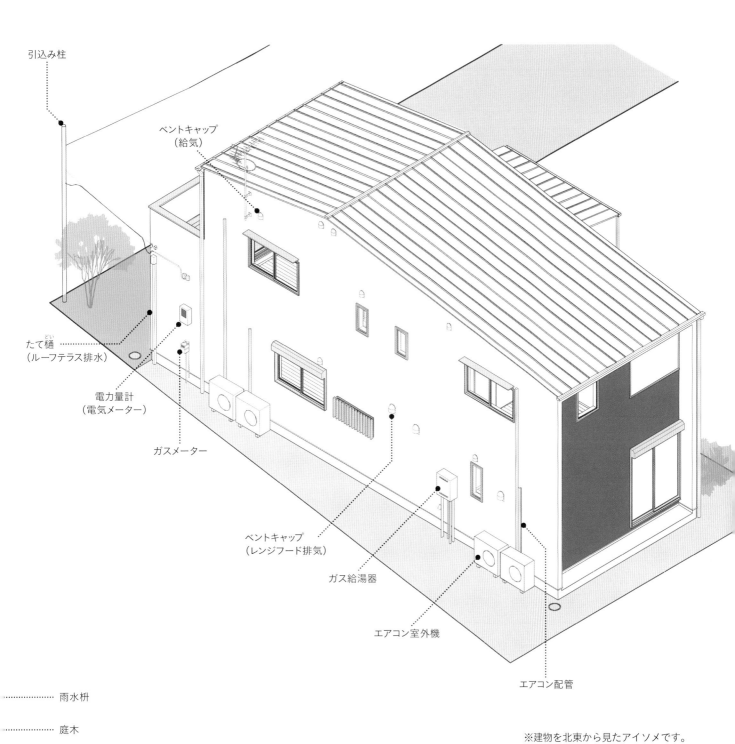

引込み柱

ベントキャップ
（給気）

たて樋
（ルーフテラス排水）

電力量計
（電気メーター）

ガスメーター

ベントキャップ
（レンジフード排気）

ガス給湯器

エアコン室外機

エアコン配管

雨水枡

庭木

※建物を北東から見たアイソメです。

住宅設備・配管工事
キッチンや水回りの配管の仕組み

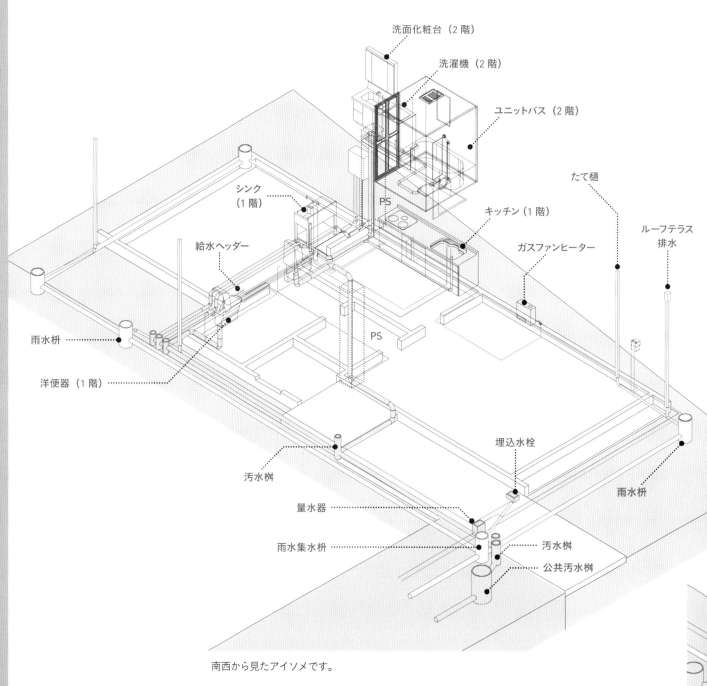

洗面化粧台（2階）

洗濯機（2階）

ユニットバス（2階）

たて樋

シンク
（1階）

PS

キッチン（1階）

ルーフテラス
排水

給水ヘッダー

ガスファンヒーター

雨水枡

PS

洋便器（1階）

汚水枡

埋込水栓

雨水枡

量水器

雨水集水枡

汚水枡

公共汚水枡

南西から見たアイソメです。

の住宅の主な住宅設備は、システムキッチン・ユニットバス・洋便器・洗面化粧台などです。給湯器はガスを利用しており、それぞれの機器に湯・水・ガスを供給するための配管工事が必要です。また、機器からの排水（汚水）や雨水を敷地外に排出するための配管も必要になります。汚水と雨水（うすい）を一緒にして公共下水道に流す合流方式と、別々にする分流方式があり、この住宅では分流方式です。配管の途中に枡を設置したり、スムーズに排水されるように配管に勾配（こうばい）をつけます。ガス給湯器から給湯ヘッダーを介してそれぞれの機器に給湯します。給水は、建物の床下に取り込んだ給水ヘッダーを介して給水します。2階の配管は、リビングダイニングの収納とパントリーに設けた配管スペース（PS）から立ち上げて、1階の天井裏を配管に利用します。給湯・給水ヘッダーについてはP.34を参照して下さい。

ⓘ 住宅設備は更新がしやすいように！
配管は保守点検がしやすいように配置する

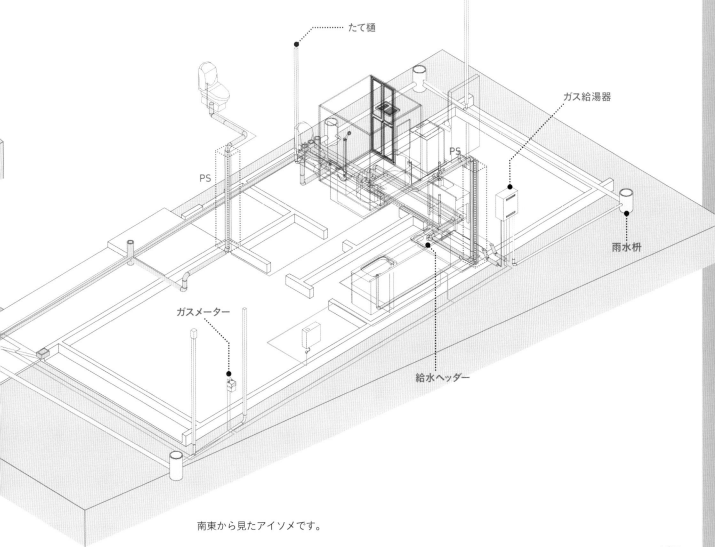

たて樋

ガス給湯器

PS

PS

雨水枡

ガスメーター

給水ヘッダー

南東から見たアイソメです。

COLUMN
知って
おきたい

オール電化住宅の仕組み
太陽光発電や蓄電池、エコキュートなど

　クリーンな再生エネルギーとして太陽光を利用して電気を創出する太陽光発電は、住宅に多く利用されています。電気代を削減するだけでなく、余剰の電気を売電することもでき、災害時などの停電時に非常電源としても利用できます。太陽光発電は夜間に発電できませんので、太陽光発電に加えて蓄電池の設置が普及し始めています。蓄電のシステムにはいくつか種類がありますが、ここでは太陽光発電用と蓄電池用、両方のシステムを一括制御できるパワーコンディショナー（主な役割は、太陽パネルで発電した直流を家庭で利用できる交流に変換すること）を採用したシステムを想定しました。太陽光パネルで発電した直流電力をそのまま充電することができるため、変換ロスがなく、停電時でも発電した電気を使いながら充電することができます。ま

た、太陽光パネルで発電した電気を家庭用に供給し、残りの電力を蓄電池に充電出来ますので、災害等の非常用電源としても使えます。電気料金が安くなる深夜帯に充電した蓄電池を昼間の電力に使うことで、節電効果もあります。電気自動車（EV）を蓄電池の代わりとして使うことも可能です。

　太陽光発電、蓄電池、電化には初期費用がかかります。また、太陽光パネルなどの機器の耐久性や保守交換費用なども必要になるため、収支がプラスになるには相当の年数が必要になります。太陽光電池モジュールの寿命は20年以上、パワーコンディショナーは10〜15年[※]といわれています。機器の耐久性も採用する際に考慮しなければなりません。各自治体には太陽光発電、蓄電池、エコキュート設置の補助金制度があります。

※出典：JPEA太陽光発電協会

POINT

オール電化

太陽光発電＋蓄電池の導入と合わせて、熱源をガスから電気へ転換します。ガス給湯を電気給湯「エコキュート」に、ガス調理器（コンロ）をIHに交換します。

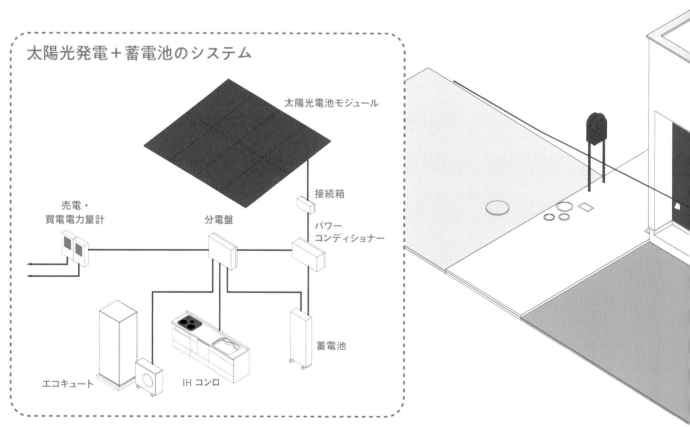

太陽光発電＋蓄電池のシステム

太陽光電池モジュール
接続箱
売電・買電電力量計
分電盤
パワーコンディショナー
エコキュート
IHコンロ
蓄電池

太陽光電池モジュールの発電効率

太陽光電池モジュールを設置する場合に、屋根の形状や方位に加えて傾斜角度が大切です。発電効率の高い傾斜角度は30°いわれていますが、沖縄と北海道では。緯度に開きがあるので一概にはいえません。地域ごとに最適な角度があります。

太陽光電池モジュール

住宅の屋根形状は切妻屋根で勾配は1寸5分（約8°）です。南面の屋根に太陽光電池モジュールを8枚設置します。メーカーによって異なりますが、発電能力は約3KWです。重量は約170kgで、屋根にかかる負担は大きくなります。

(!) 太陽光発電システム機器の耐久性に注意！
屋根の形状や周囲の環境をチェック！

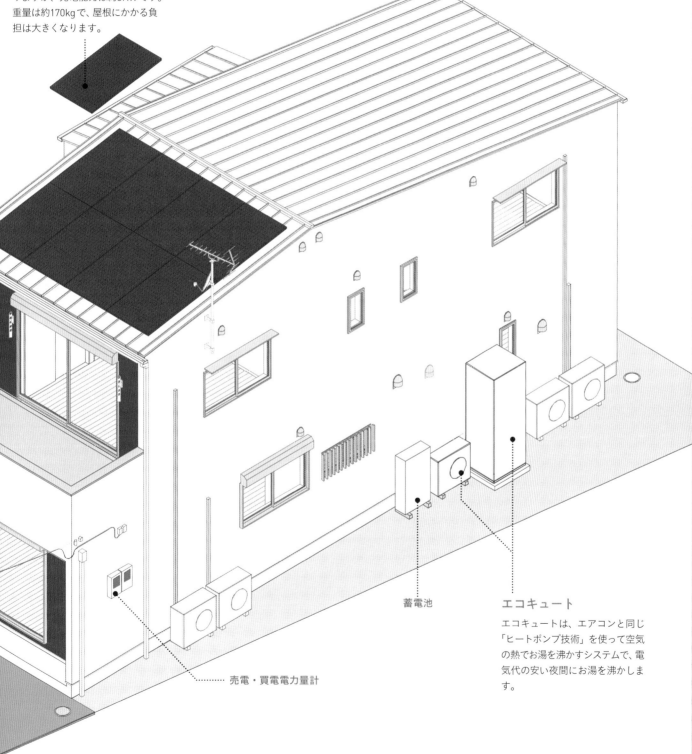

売電・買電電力量計

蓄電池

エコキュート

エコキュートは、エアコンと同じ「ヒートポンプ技術」を使って空気の熱でお湯を沸かすシステムで、電気代の安い夜間にお湯を沸かします。

COLUMN
知っておきたい

住宅と法規①
建築基準法や品確法など

住宅の設計や施工にあたっては建築基準法だけでなく、都市計画法や消防法、住宅の品質の促進等に関する法律（品確法）などの関連する法律を守らなければなりません。

ここでは、建築基準法や関連する法律について簡単に説明します。また、この住宅について、確認申請から竣工検査までの実際に行った手続きなどを解説します。

建築基準法

建築基準法は次の法令で構成されています。

「建築基準法」は建築物に関する制限の基本的事項を規定しています。国会が制定する「法律」です。

「建築基準施行令」は建築基準法で定めた制限を守るための技術的な基準です。内閣が制定する「政令」です。

「建築基準法施行規則」は確認申請など手続きについての規則です。各省大臣が制定する「省令」です。

「国土交通省告示」は、施行令で定めた技術的な基準で国土交通省大臣が制定する「告示」です。

他にも地方公共団体が議会で制定する「条例」や地方公共団体が長が制定する「細則」があります。

建築基準法の規定には、大別して「単体規定」と「集団規定」があります。

「単体規定」は建築物の敷地、構造、設備など、建築物内部にかかわる安全、防火、衛生上のものに重点が置かれています。

「集団規定」は建築物の用途、大きさなどを規定します。

この他に手続き規定や罰則規定が定められています。

用途地域・建ぺい率・容積率・高さ

建築基準法の集団規定には、用途地域・建ぺい率・容積率・防火地域などの規定があります。用途地域とは、都市計画法によって住居系や商業系、工業系などの用途に応じて土地エリア分けしたもので、さらに細かく13の地域に分けられます。その地域内で建てられる

建物の種類（用途）や大きさ（建ぺい率・容積率・高さ）日影規制などの規定があります。

➡ **この計画地では**

用途地域　準住居地域

容積率／建ぺい率　200％／60％

第1種高度地区

用途地域の種別	住居系	商業系	工業系
↑ 規制が厳しくなる	第一種低層住居専用地域 第二種低層住居専用地域 第一種中高層住居専用地域 第二種中高層住居専用地域 第一種住居地域 第二種住居地域 田園住居地域 準住居地域	近隣商業地域 商業地域	準工業地域 工業地域 工業専用地域

建築基準関係規定

建築基準法及び法令や条例と同様に「建築基準関係規定」に適合しなければなりません。「建築基準関係規定」には消防法、都市計画法、下水道法、浄化槽法など16の法が対象となります。建築を計画する時には建築基準法と合わせて建築関係規定のチェックが必須となります。

防火・準防火地域

都市計画法によって、市街地で火災の被害が起きやすい地域、そして火災を防ぐために予防しなければならない地域として、防火地域・準防火地域が定められています。多くの場合で駅前や建物の密集地、幹線道路沿いなどが指定されています。地域内に建築には所定の耐火性能が求められます。

➡ **この計画地では**　防火地域指定はありません。

! 住宅の設計や施工には多くの法規制があり、
   事前のチェックが重要！

住宅の品質確保の促進等に関する法律（品確法）

住宅性能表示制度や新築住宅の10年保証などについて定めた法律で、主に次の3つの制度について定めています。
（1）住宅性能表示制度（住宅性能評価）
第三者の専門機関が住宅の性能を評価し、購入者に分かりやすく表示する制度で、住宅性能評価を利用するかどうかは、売主または買主が決めます。（任意の制度）
➡ この住宅では　利用していません。
（2）住宅専門の紛争処理体制
住宅性能評価を受けた住宅について、引き渡し後に不具合や欠陥が見つかり売主等とトラブルになった場合、「指定住宅紛争処理機関」に紛争処理を依頼できます。
（3）新築住宅における瑕疵担保期間10年の義務化
住宅の柱や壁など構造耐力上主要な部分、屋根など雨漏りを防ぐ部分に、瑕疵（工事不備、欠陥など）が引き渡し後10年以内に見つかった場合について、売主（または施工会社など）が無償補修などをしなくてはならないと定めています。

住宅瑕疵担保責任保険

新築住宅を供給する事業者は住宅瑕疵担保責任保険に加入しなければなりません。保険の加入にあたって、建築工事中に有資格者による現場検査をして保険の引き受けの可否を確認します。
➡ この住宅では　基礎鉄筋の配筋検査（P.31参照）と上棟後に躯体検査（柱・梁・筋かい・補強金物）を受けました。

中間検査・完了検査

着工後に、建築主事又は指定建築確認検査機関による、中間検査と完了検査を受けます。
中間検査は、用途や規模に応じて行われ、主に主要構造部ができた時点で検査を受けます。
工事が完了後に、完了検査申請をして適合性を検査してもらいます。
➡ この住宅では　中間検査が必要がなかったので、完了検査を受けて「検査済証」の交付を受けました。

確認申請

住宅を建築する場合に、その計画が建築基準法及び建築基準関係規定に適合していなければなりません。計画地（建設地）の建築主事や指定建築確認検査機関に建築確認の申請書を提出し、適合を確認の上「確認済書」の交付を受けて、工事を始めることができます。確認申請は、建築主（施主）が行うことになっていますが、実際は建築主から委任を受けた建築士が代理で行います。
➡ この計画地では　指定建築確認検査機関に確認申請をして、「確認済書」の交付を受けました。

埋蔵文化財調査

➡ この計画地は　埋蔵文化財包蔵地に該当していました。着工前に教育委員会の埋蔵文化財保護係との協議が必要でした。地盤調査で地盤改良工事を予定したので、支障がないことを役所によるボーリングの発掘調査で確認することになりました。工事に支障がない調査結果でしたので着工することができました。発掘調査で埋蔵文化財が確認された場合は、文化財保護法の規定を受け工事着工の延期が求められます。建築基準法や建築基準関係規定以外にも敷地には様々な規制があるので事前の調査が重要になります。

COLUMN
知って
おきたい

住宅と法規②
法規制やインフラについて

計 画地の敷地・建物について、法規制や道路、上水、公共下水などのインフラについて解説します。

計画地・建物の面積・高さデータ

- 敷地面積　199.37㎡
  （私道部分55.47㎡を含む）
- 建築面積　67.07㎡
- 延床面積　110.95㎡（33.6坪）
- 建ぺい率　33.64％ <60％
- 容積率　55.65％ <200％
- 最高高さ　7.08m<20m

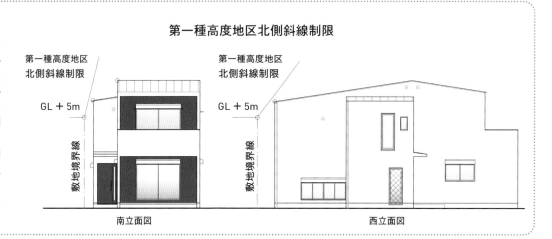

真北

市道

県道

給水管

アパート

両親宅

第一種高度地区
北側斜線制限

計画地

戸建住宅　戸建住宅　戸建住宅

アトリエ

2m　私道
公共下水管に接続　2m　(幅員4m)　引込み電柱　公共汚水桝

アパート

戸建住宅

上水道　　下水道　　電気

計画敷地

両親宅敷地

地形図では北を上に指しますが、これは真北といい方位磁石の北と一致しません。真北は北極点を指す方位で、方位磁石の指す極点は、現在のカナダの北に位置して、真北に対して磁北と呼びます。日本列島では磁北は真北より約6〜9度西にずれています。建築基準法では真北を用います。真北の測定は太陽による方位角観測による測定が一般に用いられます。

POINT

高度地区

計画地には自治体が定める「第1種高度地区」の規定がありました。建物の最高高さを20m以下、北側斜線制限が適応されます。北側斜線制限は北側隣地の日照を確保するための制限です。北側の隣地境界線から5m立ち上げて、真北方向に規定の勾配に建物が抵触しないように計画します。

第一種高度地区北側斜線制限

第一種高度地区
北側斜線制限

GL＋5m

敷地境界線

南立面図

第一種高度地区
北側斜線制限

GL＋5m

敷地境界線

西立面図

敷地の接道義務

建築基準法では、建築物の敷地は幅員4m以上の道路に2m以上接しなければならない接道義務があります。計画地の私道部分は幅員4mで公道（県道と市道）に接しています。計画地は、私道の半分（幅員2m）を県道に接しています。計画地と隣接する両親宅の敷地も同様に、私道の残り半分（幅員2m）が市道に接しています。このような敷地を「路地状敷地」、通称「旗竿地」や「敷延地」と呼びます。「路地状敷地」に計画する場合には、接道、私道部分の土地所有者の確認、上水、下水、電線などのインフラのチェックが重要となります。

※公道は、道路交通法で規定された道路で、不特定の人や車が通行できる道路です。私道は、個人や法人が所有する土地の一部に設置された道路のことです。

浄化槽と公共下水

計画地は、建築確認申請時点で公共下水が私道まで敷設ができていませんでした。確認申請は、建築基準関係規定の浄化槽法に従って浄化槽設置届けを提出しました。工事完了前に私道に公共下水の敷設が完了したので、完了検査申請時に、浄化槽から公共下水に接続する変更届を提出しました。両親宅も既存の浄化槽を撤去して公共下水に接続しました。浄化槽の設置基準・保守点検・清掃棟等について浄化槽法で規定されています。

上水

一般的には、敷地が接する公道の本管に接続することになりますが、計画地の私道部分に上水道の給水管は敷設されていません。公道の給水本管から私道に引き込むことが必要になりますが、隣接する私道に両親宅の給水管が敷設していましたので、この給水管を利用できるかを管轄の水道局に協議をして、接続の許可をもらいました。複数の土地所有者がある私道に引き込む場合は事前のチェックが重要です。

電線の引込み

県道に設置されている電柱から、私道と計画地内に引込み柱を設置して電線を引き込みました。工事中の電源供給にも使われます。

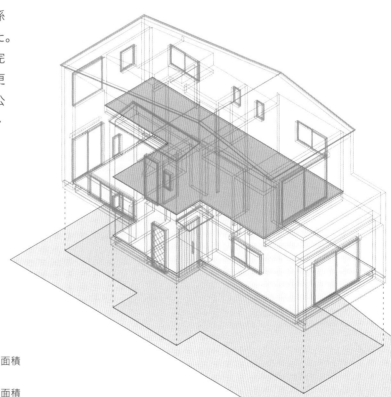

この住宅の面積を示しました。
2階の吹抜けや外部のルーフテラスは2階床面積に含めません。

POINT
建ぺい率と容積率

建ぺい率は建築面積の敷地面積に対する割合で、容積率は延床面積の敷地面積に対する割合です。割合の数値は、用途地域に応じて定められています。建築面積は、建物を真上から見たときの面積で、延床面積は各階の床面積の合計の面積です。

▨	2 階床面積
☐	1 階床面積
▨	建築面積
☐	敷地面積

終章
住まいと暮らし

1〜3章までは住宅の「つくり方」を解説しましたが、この章では
「住まい方」に着目して住宅を解説します。加えて、将来の増改築
を想定した計画案を参考としてまとめました。

住まい手について

住まい手の家族構成は50代のご夫婦と息子さん
の3人＋愛犬です。ご夫婦は美術大学を卒業され
て、ご主人はテキスタイルの会社に勤め趣味で
絵を描いています。奥様は主婦の傍ら絵画教室
の先生をされています。

※住まい手のプロフィールは竣工当時のものです。

南側に建っているアパートの敷地から完成時の住宅を見たパースです。ポーチに立っているのが建築主のご家族です。

114

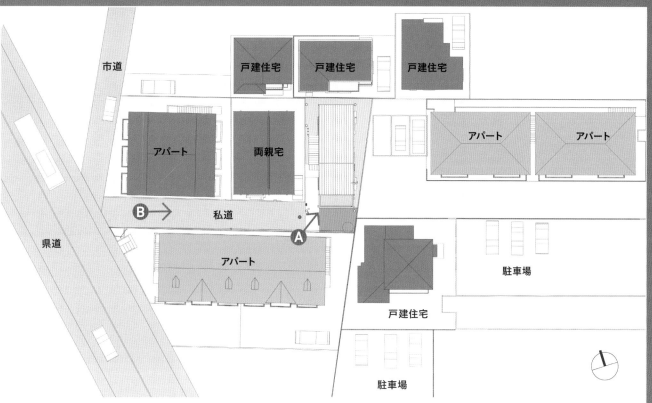

市道

戸建住宅　戸建住宅　戸建住宅

アパート　両親宅　アパート　アパート

B→　私道

県道

アパート

A

戸建住宅　駐車場

駐車場

敷地周辺の環境を表した配置図です。

私道の突き当たりの敷地に住宅は建
っています。交通量が多い県道から
離れているので静かな住環境です。

B

両親宅

アパート

私道

私道から住宅を見たパースです。

住宅の間取り（1階）

1階の間取り

南北方向に長い台形状の敷地に、長方形の中央に玄関と階段室が飛び出したプランです。

玄関ホールを挟み、南側にリビングダイニング、北側に家族で共用する「アトリエ」を配置してます。アトリエは住まい手からの要望の中で必須条件でした。ご夫婦の絵の創作、絵画教室、息子さんの趣味のための作業スペースなど家族皆で使う多目的空間です。

リビングダイニングは南側に庭を設けました。キッチンは奥様の要望でオープンキッチンではなく独立タイプにしました。

キッチンに隣接して食品などを保管できるパントリーを設けました。パントリーとアトリエの間仕切壁に小窓を設けて、キッチンとアトリエ間のコミュニケーションがとれるようにしました。これは奥様からの要望でした。

アトリエとパントリーの間に設けた小窓

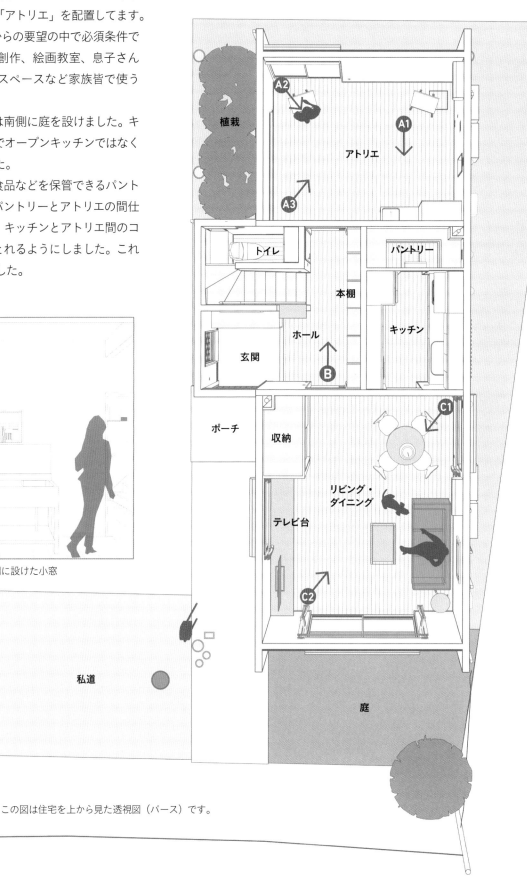

1F平面図
床面積／62.93㎡（19.0坪）

この図は住宅を上から見た透視図（パース）です。

アトリエから吹抜け越しに2階ホールを見上げたパースです。　南西のコーナーから北側をみたパースです。

1階／アトリエ

約10帖の広さで、一部4帖大の吹抜けで2階のホールと連続しています。

リビングダイニングと同様に、一部天井を設けずに梁と2階の床下地（構造用合板）を現しとしています。

吹き抜け部分の天井高は5.2mあり、アトリエでの創作意欲を刺激するような空間になっています。

アトリエの吹抜け北側の大きな窓には「すりガラス調シート」を張りました。これは北側の安定した採光を得ること、隣接する住宅からの視線をカットするためです。

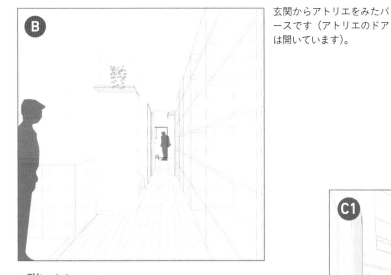

玄関からアトリエをみたパースです（アトリエのドアは開いています）。

1階／ホール

廊下の片側に作り付けの長さ3.6mの本棚を設けました。本棚は家具工事でなく大工の造作工事で製作しました（P.100）。

玄関の下駄箱の上の壁はご夫婦の作品の展示スペースで、ゲストを出迎えます。

北東のコーナーから南側をみたパースです。

南西のコーナーから北側をみたパースです。

1階／リビングダイニング

約14帖の広さで、一部天井を設けずに梁と2階の床下地（構造用合板）を現しとして木肌を感じられるインテリアにしました。

天井を省略することで天井高さを大きくとれて広く感じられます。（最大天井高さ2.76m）

部屋の西側面に幅1間（1.8m）の収納と長さ2間（3.6m）のカウンターを設けました。

カウンターはテレビ置場を兼ねますが、床に座ってパソコンなどの作業がしやすい高さにしました。現代版の「文机」です。

住宅の間取り（2階）

2階の間取り

主寝室・子供室・浴室などの水回りのプライベート空間を配置しました。ホールは1階のアトリエと吹抜けで連続しています。2階の内部建具は引き戸で構成しており、浴室も含めて床の段差はなく、バリアフリーに対応しています。

（！）**開き戸と引き戸の特性を生かす！**

1階では部屋の出入口の建具は開き戸、2階では引き戸を採用しました。引き戸は空けた状態で扉が邪魔にならないので、室内に連続感と広がりを持たせることができます。

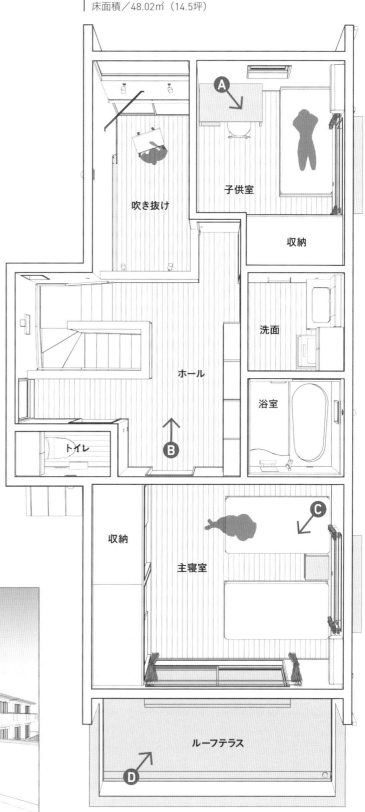

2F平面図
床面積／48.02㎡（14.5坪）

2階／ルーフテラス

主寝室の南側に6.2帖大のルーフテラスを設けて、アウトドアの団欒や洗濯物干のスペースに利用しています。

ルーフテラスから夫婦寝室をみたパースです。

子供寝室の北西のコーナーから
南側をみたパースです。

2階／子供室

4.5帖の広さですが、勾配天井によって広く感
じられます。
主寝室と同様に収納の上部をオープンスペー
スの収納にしています。
屋根梁の一部を現しにしてアクセントにしまし
た。部屋の入り口の引き戸は収納の引き戸と一
体にした3枚戸です。このパースでは引き戸を
半透明にして、収納棚や廊下が見える表現と
しています。

2階／ホール

ホールは壁をなくしたオープンで明るい空間で
す。壁には、1階ホールと同様に長さ2.7mの本
棚を設けました。正面のアトリエの窓は、はめ
殺し窓（開閉しない窓）で、ガラスにすりガラ
ス調シートを張っています。奥の手すりの下が
アトリエの吹抜け部分です。

アトリエ上部の吹抜けをみたパースです（子供
室の引き戸は開いています）。

夫婦寝室から南側のルーフテラスをみたパースです。

2階／主寝室

8帖の広さで、西側の壁一面に2間（3.6m）の
収納を設けました。収納は、クロゼットの機能
を兼ねさせて室内を広く使えるようにしました
（P.100）。天井高さは2.9mで、収納上部の高さ
0.8mのオープンスペースは収納として利用し
ます。
南側のルーフテラスには主寝室から出ることが
できます。このパースでは引き戸を半透明にし
て、収納棚や廊下が見える表現としています。

住宅の断面

この図は、住宅の各部屋の空間のつながり・周囲
の環境・住宅の構造を立体で表現したものです。
左にあるアトリエは2階のホールと吹抜けでつな
がっています。
2階のホールと1階の玄関ホールには壁面を利用
して本棚を設けました。
リビングダイニング・アトリエ・主寝室の天井高
さを同規模の住宅に比べて大きくとって、空間に
ボリュームを持たせています。

! 住まいは間取りだけではなく、断面で考える！

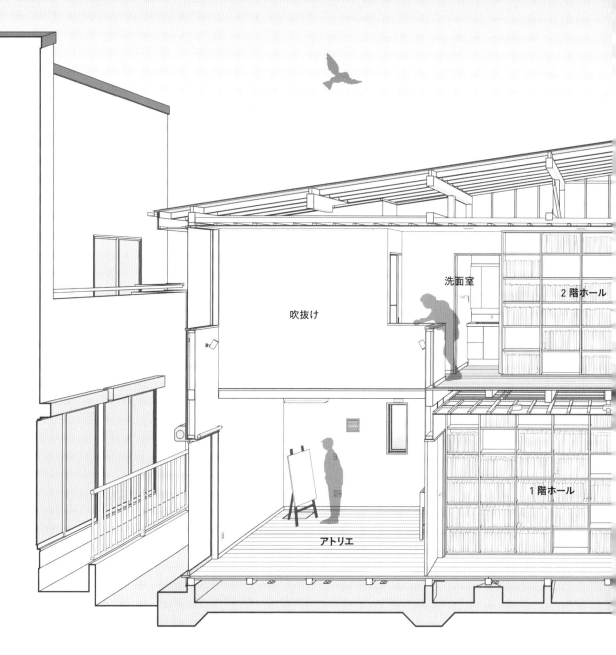

敷地南側（図の右側）にはアパートが建っていますが、アパートからの距離感をもたせるために、1階のリビングダイニングでは庭を、2階の主寝室ではルーフテラスを配置しました。
アトリエの吹抜けの大きな窓には「すりガラス」調のシートを張りました。これは北側の安定した採光がえられることと、隣接する住宅からの視線をカットするためです。

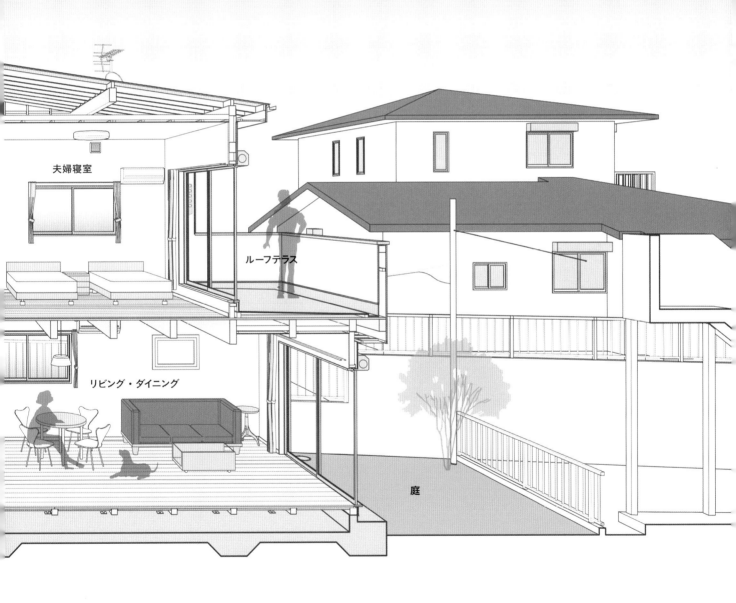

夫婦寝室

ルーフテラス

リビング・ダイニング

庭

未来の増改築計画 ①

この住宅の計画を検討した時に、将来的に隣接するご両親の家と繋げるアイデアが生まれました。単純に繋げるだけではなく、世帯同士の交流の場を提案できないかと考えました。

住宅の玄関土間と両親宅の和室4.5畳の部屋の間に、約9㎡（5.4帖）の平屋を増築します。増築1階部分は土間のインドアテラスとして使います。屋根についても、両方から使えるルーフテラスとして、いろいろな用途に利用できます。インドアテラスから直接出入りできるデッキを北側に設けました。デッキには両親宅のリビングダイニングからも出入りできます。

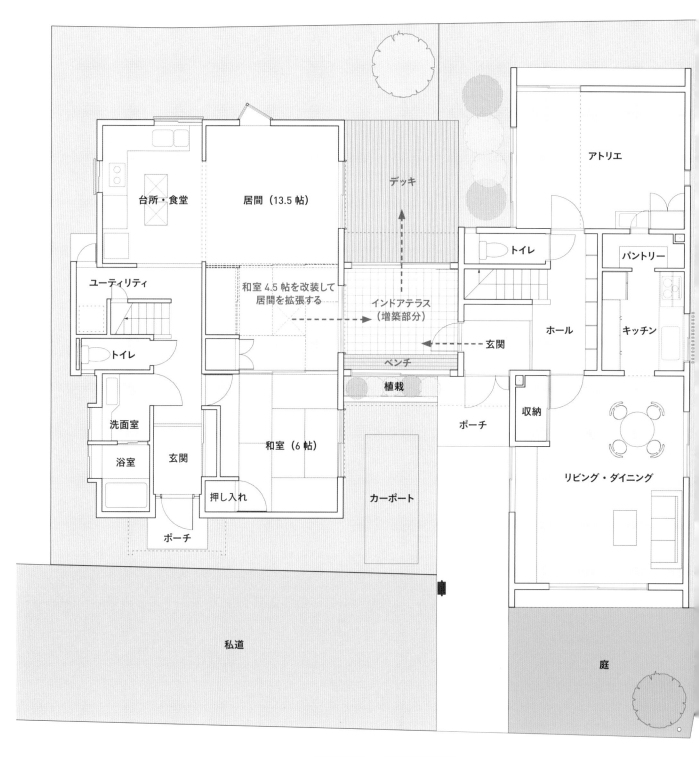

配置図・1階平面図

この増改築計画に沿って、接続部分の1階玄関、2階玄関ホールの窓は、開き戸に交換しやすいように共通の寸法のはめ殺し窓を取付けました。

将来、この増改築計画が実現するかどうかは未知ですが、増改築計画の可能性をあらかじめ考慮して、住宅の平面計画を考えることで、ライフスタイルの変化に対応しやすくなり、永く住まえる住宅にすることができます。「耐久性」と合わせて「耐用性」が重要です

既存バルコニーの撤去

手すりの設置

クロゼット

居室②

庇

吹き抜け

子供室

収納

洗面

ルーフテラス
（増築部分）

居室③

ホール

トイレ

ベンチ

トイレ

クロゼット

居室①

庇

収納

主寝室

収納

ルーフテラス

2階平面図

※この増改築プランについては、事前の法律のチェックが必要になります。
　このプランのまま実現できない場合もあります。

未来の増改築計画 ②

増築により両親の家と繋げることで、「近すぎず離れず」な親子関係の2世帯住宅を実現可能です。

南から見た透視図（パース）です。

未来の増改築計画 ③

インドアテラスから見たパースです。床にタイルが張られた土間空間です。2階のルーフテラスの床を支える根太と構造用合板は現しで、子世帯住宅のインテリアと共通させました。インドアテラスの南側には作り付けの木製ベンチを設けます。ルーフテラスにも作り付けの木製ベンチを設けましたが、これは子世帯の2階床とルーフテラスの床の段差を解消する役割もあります。（P.123の2階平面図を参照）

デッキから増築部分を見たパースです。デッキは、2つの建物と増築部分に囲まれたプライバシーの高い空間になります。子世帯（左側）のアトリエの地窓（床に近く高さが低い窓）からデッキや親世帯のリビングダイニングからの視線が気にならないようにしています。

索引

瀬川康秀 [絵と文]

1953年青森県生まれ。'76年明治大学工学部建築学科卒業。'85年一級建築士事務所アーキショップ設立、現在に至る。一級建築士、福祉住環境コーディネーター（2級）、明治大学兼任講師（1987〜2023年）、東京家政学院大学非常勤講師（2003〜2021年）。主な著書に『初学者の建築講座 建築製図』（市ヶ谷出版社）、『世界で一番楽しい 建物できるまで図鑑』（エクスナレッジ）など。住宅ができるまでの仕組みや工程などを、イラスト図解や読みやすい文章で分かりやすく解説する手腕には定評がある。

世界で一番楽しい
建物できるまで図鑑
詳説木造住宅

2024年7月2日　初版第一刷発行

著者	瀬川康秀
発行者	三輪浩之
発行所	株式会社エクスナレッジ
	〒106-0032
	東京都港区六本木7-2-26
	https://www.xknowledge.co.jp/
問合せ先	編集　Tel：03-3403-1381
	Fax：03-3403-1345
	info@xknowledge.co.jp
	販売　Tel：03-3403-1321
	Fax：03-3403-1829